中国民俗文化旅游的系统性研究

张小红◎著

中国水利水电出版社
www.waterpub.com.cn
·北京·

内 容 提 要

民俗文化旅游是民俗文化产业与旅游产业的有机融合,是近些年旅游学界最新研究的方向之一。本书从民俗文化旅游的相关概念出发,着重对民俗文化与旅游的关系、民俗文化旅游资源、民俗文化旅游的开发、民俗文化旅游区划、民俗文化旅游产品与项目、民俗文化旅游地形象、民俗文化旅游环境保护、乡村民俗文化旅游与城市民俗文化旅游等多个方面进行了较为深入的研究。本书可供旅游管理、文化产业管理等专业领域内的学术人士使用,也可供旅游、文化产业等领域内的相关从业者使用,还可供感兴趣的其他读者阅读。

图书在版编目（CIP）数据

中国民俗文化旅游的系统性研究 / 张小红著. -- 北京 : 中国水利水电出版社, 2017.3 （2022.9重印）
ISBN 978-7-5170-5108-4

Ⅰ. ①中… Ⅱ. ①张… Ⅲ. ①民俗学－旅游文化－研究－中国 Ⅳ. ①F592

中国版本图书馆CIP数据核字(2017)第013636号

责任编辑:杨庆川　陈　洁　　　封面设计:马静静

书　　名	中国民俗文化旅游的系统性研究 ZHONGGUO MINSU WENHUA LVYOU DE XITONGXING YANJIU
作　　者	张小红　著
出版发行	中国水利水电出版社 (北京市海淀区玉渊潭南路 1 号 D 座 100038) 网址:www.waterpub.com.cn E-mail:mchannel@263.net(万水) 　　　　sales@mwr.gov.cn 电话:(010)68545888(营销中心)、82562819(万水)
经　　售	全国各地新华书店和相关出版物销售网点
排　　版	北京鑫海胜蓝数码科技有限公司
印　　刷	天津光之彩印刷有限公司
规　　格	170mm×240mm　16 开本　15.5 印张　201 千字
版　　次	2017年4月第1版　2022年9月第2次印刷
印　　数	2001-3001册
定　　价	46.50 元

前　言

民俗文化是民间民众的风俗生活文化的统称。它是各民族、各地区经年积久、世代传承、积淀的民间文化，是重要的历史文化遗产，不仅内涵丰富，形式也多种多样。尤其是我国，在悠久的历史文化传承之下，民俗文化更是丰富多彩。实际上，民俗文化是一种重要的旅游资源，只是受各种因素的影响，其在很长一段时间内都没有得到人们的关注，更是少有开发一说。不过，随着社会的全面发展与进步，人们对精神状况与休闲质量高低的关注度加强，文化旅游这一概念被提了出来，并有越来越多的旅游学术界人士对其展开了研究。20世纪90年代，在一些学者对文化旅游的理论及相关应用进行研究的同时，一些民俗学者们也逐渐把目光集中到当代生活中最为敏感的焦点、热点上来，开始将民俗文化与旅游结合起来进行有益的理论性探讨，如刘丽川的《民俗学与民俗旅游》(1990年)、邓永进等人的《民俗风情旅游》(1997年)等。这对开发民俗文化旅游资源起到了一定的引导作用。

从目前来看，专门从理论和实践角度系统研究民俗文化旅游的著作和论文还非常少，且大多是研究某一个地区、某一省份、某一城市、某一县的民俗文化旅游，如《区域民俗文化旅游资源的定量评价研究——九寨沟藏族民俗文化与江苏吴文化民俗旅游资源比较研究之二》《山西民俗文化旅游资源及其开发研究》《北京民俗文化旅游指南》《龙山县民俗文化旅游资源开发研究》等。可见，民俗文化旅游的研究现今还是一个非常薄弱的方面，还有很大的研究潜力。因此，为了在民俗文化旅游方面做进一步深入、全面、系统的研究，为了发展旅游学，拓宽民俗文化研究的新领域，作者专门撰写了《中国民俗文化旅游的系统性研究》一书。

本书由绪论和七章内容构成。其中,绪论主要对民俗文化旅游的相关概念,民俗文化的形成、特征、类型,民俗文化与旅游的关系,以及民俗文化旅游的产业价值与发展进行了相关的探讨;第一章对民俗文化旅游资源进行了研究;第二章对民俗文化旅游的开发进行了研究;第三章对民俗文化旅游区划进行了研究;第四章对民俗文化旅游产品与项目进行了研究;第五章对文化旅游地形象进行了研究;第六章对民俗文化旅游环境保护进行了研究;第七章对乡村民俗文化旅游与城市民俗文化旅游进行了研究。

本书是作者在总结前人研究成果和民俗文化旅游开发实践的基础上进行的研究,其有机地融合了民俗文化与旅游,并偏重于对民俗文化旅游资源的开发与管理;注意研究内容的系统性,在探讨民俗文化旅游理论性内容的同时还注重一些实践性的内容,以期对相关从业人员有一定的指导意义。

作者在本书的撰写过程中参考了较多的研究成果,在此对相关作者表示衷心的感谢! 由于时间较为仓促,加之其他条件的限制,书中难免存在一些不妥之处,恳请广大的读者以及业界的专家学者批评指正,以便在日后更好地完善此书。

作 者

2016 年 10 月

目　　录

绪　　论

随着社会的发展，人们越来越看重旅游休闲，以此来放慢生活节奏，减轻压力。作为基本的社会现象，民俗文化具有调节、娱乐、审美等功能，呈现出巨大的吸引力，这使得其成为地方旅游资源开发的灵魂。本章我们主要对民俗文化与旅游的基础知识进行介绍。

第一节　民俗文化旅游相关概念界定

一、民俗

"民俗"一词，在我国的一些古代文献中时常可见，如：

故君民者，章好以示民俗。（《礼记·缁衣》）

古之欲正世调天下者，必先观国政，料事务，察民俗。（《管子·正世》）

入境，观其民俗。（《荀子·强国》）

国贫而民俗淫侈，民俗淫侈则衣食之业绝。（《韩非子·解老》）

楚民俗，好庳车。（《史记·孙叔敖传》）

交民风，化民俗。（《汉书·董仲舒传》）

民俗既迁，风气亦随。（韩愈《朱文公校昌黎先生文集》卷九《送窦从事序》）

其上下政令之便否，士风民俗之所安，皆所习知。（欧阳修

《欧阳文忠公文集》之《外制集》卷二《陇城县制》）

岁时游咏，顺民俗之乐。（欧阳修《欧阳文忠公文集》之《内制集》卷二）

方今士人名节不立，民俗礼义不修。（欧阳修《欧阳文忠公文集》之《奏议》卷十四《荐张立之状》）

从所列举的这些语句来看，这里的"民俗"有三层意思，第一层即"民风"，是指民间的一种精神状态；第二层指民间节日、礼仪、祭祀等民间活动本身；第三层指前两层的交融，指的是民俗事象。因此，可以说，这时期的"民俗"与"风俗""习俗""谣俗"差别不大。

"民俗"一词是由英国学者汤姆斯（W. J. Thoms）率先提出来的，本意是指"民众的知识"或"民间的智慧"。这个新颖而确切的学科术语出现后，很快在英国学术界得到普遍承认和使用。1978年10月，英国伦敦成立了世界上第一个民俗研究机构，并将其命名为"民俗学会"（Folklore Society）。从此，"Folklore"作为学科术语得到了国际上的公认。在亚洲，日本学者较早地使用了"民俗"这一学术术语，19世纪末，英国学者乔治·劳仑斯·高莫（L. Gomme）的名著《民俗学概论》传入日本之后，"Folklore"被确定为"民俗"学术术语。在我国，1922年，北京大学的"歌谣研究会"首次使用学科性专用名词"民俗"。虽然"民俗"一词在我国自古有之，但是作为一个学术术语，"民俗"在我国还经历了一个争论的过程，出现了"谣俗""民间风俗""民间文学"等不同概念。直到1927年，中山大学成立"民俗学会"，并创办了《民俗》周刊，从此，"民俗"一词成为固定的学术名词。

关于民俗的定义，目前学术界有着广义和狭义之分，"广义的民俗概念认为，民俗学是一门综合性学科，是以城乡民间生活为研究对象的；就民族而言，则既研究文明民族的民间生活，也研究后进民族乃至原始民族的民间生活。狭义民俗学对'民俗'概念的理解主要有四种：一是认为民俗为文化遗留物，是已经发展到较高文化阶段的民族中所残存的原始观念与习俗的遗留物；二是认为民俗就是精神文化；三是认为民俗为民间文学；四是认为民俗为传统文化。"①

从民俗的广义和狭义的内容我们可以得知，作为一个学术名词，无论是广义上的民俗，还是狭义上的民俗，都在以下三方面存在着共识。

第一，民众是民俗的创造者、承受者和载体。作为人类的一个分子，个体不可能不被某种民俗所影响、所制约、所规范和所指导，因为他不可能离开人群而独居。之所以使用"民众"一词，是相对于"官员"而言的。纵观民俗的内容，我们可以发现，民俗与民众之间有着紧密的联系，脱离了民众，民俗便失去了其自身的意义。

第二，民俗是被民众传承的一种文化事象。民俗在时间上并非是即刻出现，旋即消失的，在空间上不是带有地域的不变性，在承载主体上，并不表现为个体性，因此可以说，民俗是不断传播并被某些群体所世代传承和延续的一种社会生活文化事象。

第三，民俗的核心在于传统。传统是世代相承的文化，是一个民族的独特标志。有些传统既是这个民众群体区别于其他民众群体的重要文化内容所在，又是塑造这个民众群体的观念意识和行为规范及社会性不成文法规的所在，同时还体现出了这个民众群体所创造的物质财富与精神财富。民俗与传统之间具有无法割裂的联系，民俗的核心正在于传统。

根据民俗广义与狭义定义上所存在的三个方面的内容，我们可以将民俗定义为：民俗就是在广大民众中传承的社会文化传统，是由民众创造出来，并为其所享用、世代传承、相沿袭成的生活文化。

二、文化旅游

从广义上来说，旅游本身就是一种文化现象。而将文化与旅

---

①　刘魁立、张旭：《中国民俗》，北京：中国社会出版社，2009 年，第 5～6 页。

游放在一起解释,不同的学者有着不同的看法。

我国学者郭丽华将"文化旅游"定义为:"通过旅游实现感知、了解、体察人类文化具体内容之目的的行为过程。由此衍生出站在旅游经营者的角度而言,文化旅游是一种产品设计的战略思路或产品创意,站在旅游者看,文化旅游是由于对文化认知的期望所采纳的旅游方法。"①

马勇、舒伯阳等认为,"文化旅游"是一项区域旅游规划类型和活动,将其定义为:"文化旅游以旅游文化为消费产品,旅游者用自己的审美情趣,通过艺术的审美和历史的回顾,得到全方位的精神上与文化上享受的一种旅游活动。"②

学者李巧玲从旅游类型上对"文化旅游"进行了界定,认为:"旅游者为实现特殊的文化感受,对旅游资源文化内涵进行深入体验,从而得到全方位的精神和文化享受的一种旅游类型。"③

学者张晓萍认为,"文化旅游"是学术考察类的文化活动,将其定义为:"以参观或研究某种或某几种文化现象为主要目标所开展的一系列旅游活动。例如,把文化科学考察、参观名胜古迹以及民俗民风的田野考察等等多层面的文化活动与旅游活动结合在一起,既达到文化研究的目的,又获得一定的旅游愉悦和享受。"④

张陆、寇跃灵等认为,"文化旅游"是一种旅游产品,将其定义为:"所谓文化旅游产品是指以地域和民族文化为基础,以知识、信仰、艺术、风俗、习惯、历史、传说、现代风貌等为内容,通过各种形式提供给旅游者消费的旅游产品。"⑤

袁成将"文化旅游"视为"一条旅游线路",认为:"从旅游者的消费方式和特征来看,文化旅游产品应该是一条完整的文化旅游

---

① 郭丽华:《略论"文化旅游"》,北京第二外国语学院学报,1999 年第 4 期。
② 马勇,舒伯阳:《区域旅游规划——理论·方法·案例》,天津:南开大学出版社,1999 年,第 134 页。
③ 李巧玲:《文化旅游及其资源开发刍议》,湛江师范学院学报,2003 年第 2 期。
④ 张晓萍:《文化旅游与云南》,经济问题探索,1998 年第 7 期。
⑤ 张陆,寇跃灵:《论文化旅游产品及其开发》,重庆工学院学报,2002 年第 1 期。

线路。这条线路包含了旅游者文化旅游过程中所需的各项要素——文化旅游吸引物的文化蕴含与主题、文化旅游的文化内涵与风格、文化旅游服务与管理的文化指向、文化旅游产业的文化定位等等。核心因素是文化旅游吸引物和文化旅游服务。"①

刘玉、杨达源等则认为："文化旅游，作为一种知识含量很高的旅游产品和服务形式，必将成为知识经济时代追求高品位、高层次旅游方式人们的首要选择。从旅游动机、旅游活动内容角度出发，旅游可分为观光型、度假型和特种型。而特种旅游又包括文化型旅游、娱乐型旅游、探险旅游与寻根探祖旅游等旅游方式。其中文化旅游是集文化、经济、科技、教育、旅游于一体的大旅游。从时间维度上讲，可分为历史文化旅游和现代文化旅游；从形态表现上，则涵盖了民族文化、民俗文化、宗教文化、建筑文化、饮食文化、园林文化、艺术文化旅游等。"②

此外，还有学者将文化旅游定义为："旅游者为异地（异质）文化所吸引，通过观光、参与、学习等方式，体验并感悟旅游目的地的文化内涵，追求高层次的精神享受的高品位旅游产品。"③

综合分析当前学术界关于文化旅游的各种概念界定，我们可以认为，文化旅游就是指旅游者前往旅游目的地观赏、体验、感悟当地的风俗、习惯、信仰、精神、历史、传说、知识、艺术、语言和自然遗产、人文遗产等旅游客体的某一类或几类旅游资源，以获得文化享受和收获的旅游活动。

三、民俗文化旅游

在当代学术界，对于民俗文化旅游的概念，国内外学者们也

① 袁成：《论文化旅游产品的开发对策》，经济师，2004年第5期。
② 刘玉，杨达源：《知识经济时代的文化旅游》，云南地理环境研究，2000年第4期。
③ 沙蕾：《南京文化旅游资源分析及产品开发研究》，南京师范大学地理科学学院，硕士论文，2004年。

积极进行了大量的研究与探讨。

美国旅游人类学家史密斯将"民俗文化旅游"定义为"人类记忆中一种在消失的生活方式的'图景'或'地方特色',是这种生活方式的残余。它体现在'老式的'房子,自家纺织的布匹、马或者牛拉的车和犁,手工而不是机制的工艺品。旅游地的活动包括,在简陋的乡下旅馆中进餐,民俗表演、化妆参加的酒节,或者让人们回忆起粗犷的美国西部生活的骑牛比赛"[①]。

在我国当代学术界,最先提出民俗旅游概念的是学者西敬亭和叶涛,他们认为,"民俗文化旅游"就是"民俗与旅游的结缘,是以民俗事象为主体内容的旅游活动"[②]。

肖建春认为,"民俗文化旅游"是"以旅游地域的民俗风情为主要观赏内容及体验对象而进行的一种文化旅游活动"[③]。

陆景川将"民俗文化旅游"定义为"一种高层次的文化型旅游,它欣赏的对象为人文景观,而非自然景观,任何一个国家、地区和民族的传统节日、婚丧嫁娶、建筑风格、民间歌舞……都是民俗旅游的珍贵资源与欣赏对象"[④]。

温锦英认为,"民俗文化旅游"就是"借助民俗来开展的旅游项目,它以一个国家或地区的民俗事象和民俗活动为旅游资源,在内容上和形式上具有鲜明突出的民族性和独特性,给人一种与众不同的新鲜感,它的魅力就在于其深厚的文化内涵"[⑤]。

刘印其则认为,"民俗旅游是借助民俗来开展的旅游项目,如寻根祭祖、朝山进香、民间艺术表演、民俗展览、民俗表演(婚礼表演等)、节庆活动、风味食品、旧式交通工具、住民房等,一句话,就

---

① Smith, Valene L. 1977 Zntrodnction. In: V. L. Smith ed. Hosts and Guessts, The Anthropology of Towrism, 1~14.

② 西敬亭,叶涛:《民俗旅游——一个尚待开拓的领域》,民间文艺季刊,1990 年第 3 期。

③ 肖建春:《四川民俗旅游产业的整合营销构想》,西南民族大学学报,2008 年第 3 期。

④ 陆景川:《民俗旅游发展浅探》,民俗研究,1988 年第 2 期。

⑤ 温锦英:《文化,民俗旅游开发的灵魂》,广东民族学院学报,1997 年第 3 期。

是'到民间去旅游',到民俗氛围里去切身体验。"①

上述各个学者对民俗文化旅游的定义虽然表述不同,但其所表达的含义却具有两个共同点:第一,作为一种旅游,民俗文化旅游具有旅游的特性;第二,民俗文化旅游的内容是民俗事象。

因此,我们可以将"民俗文化旅游"定义为被异地或异族的独特民俗文化所吸引的旅游者,在有一定旅游设施为条件的前提下,离开自己的常驻地,前往某一特定的地域或特定的民族区域观赏、消费当地的民俗事象的文化旅游活动。

第二节　民俗文化的形成与特征

一、民俗文化的形成

(一)民俗文化形成的过程

民俗文化也属于上层建筑,因此,它的形成是受社会经济基础的影响的。

在原始社会,由于社会生产力低下,人类无法解释人的生老病死和风雷雨电等自然现象,就将这些归为超自然灵力的操控,于是就产生了各种神话,随之而来的还有种种与神有关的禁忌。这些神话和禁忌口口相传,流传下来之后逐渐形成了一种约定俗成的文化。

到了封建社会,随着社会生产力不断提高,一些与经济相适应的民俗应运而生,丰富了民俗文化。例如,封建社会家族为了保存自己的财力和人力,多选择近亲结婚,亲上加亲。

此后,社会不断进步,经济日益发达,人类文明开化程度越来

———————————

① 刘印其:《让游客到民俗气氛中去感受异域风情》,民俗研究,1995年第1期。

越高,文化也逐渐兴盛。不同的社会历史国家、不同的民族、不同的地域、不同的行业都形成了自己特有的民俗文化。

在了解民俗文化的形成过程时,一定要注意以下几方面的问题。

首先,民俗文化是约定俗成的文化,是不受法律和制度规定和限制的。例如,孔孟对仁、义、礼、智、信的阐发就是中国民俗文化中的道德伦理文化。

其次,民俗文化必须是大众流行的,必须是在集体中流传的。例如春节,这一民俗是整个国民的行为。

最后,民俗文化是可以塑造、修正的。如果有的民俗文化属于恶习,如活人祭祀等,就可以通过政府督导、社会批判等方式来遏制它。同理,对于一些好的民俗文化,也可以通过政府引导、社会促进等方式使其得以流传。

(二)民俗文化形成的原因

在漫长的形成过程中,民俗文化受到了自然地理环境、政治制度、社会历史形态、观念意识、社会生产、宗教等多方面的影响,具体如下。

1. 自然地理环境

每一个聚居群落都在一定的地域环境下生存与发展,因而自然地理环境与当地人的生活密切相关。自然地理环境不会去适应人的生活,人只能运用自己的智慧和能力来适应自然地理环境。长期生活在一种自然地理环境中的人必然也会形成与当地自然地理环境相适应的生活习惯,从而形成反映当地自然地理环境特点的民俗。因此才有了"百里不同风,千里不同俗"之说。例如,北方寒冷,其民居与服饰都与南方不同;内蒙古靠着草原,而浙江靠海,两地的饮食习俗就大不一样。

2. 政治制度

政治制度对民俗文化的形成也有着重要的影响。任何一个统治阶级都会采取种种手段强制改变那些不利于自己统治的民俗文化,也会通过正统思想对符合自己统治思想的民俗文化进行宣扬。例如,在清代,统治者为了实行"改土归流"的措施,就强迫土家族不能自由恋爱结婚,一定要坐轿子,要明媒正娶;而汉代董仲舒"罢黜百家,独尊儒术"后,就形成了一些符合儒家思想的民俗文化,如男女不得同席共食。

3.社会历史形态

任何一种民俗文化都会受到社会发展阶段历史的影响和制约。在原始社会,原始人相信"万物有灵",认为借助巫术的法器、咒语、傩舞可以征服自然,于是形成了巫术文化。在阶级社会,发达的等级制度规定了上下尊卑,形成"三纲五常""三从四德"的纲常礼教文化。

4.观念意识

民俗文化的形成与该聚居群落的观念意识有着密切的关系。一般来说,在同一个聚居群落生活的人,其观念意识大多数是相同的,这使他们形成了一种行动趋同性,在生活习惯上逐渐形成统一的民风民俗。

5.社会生产

每一个聚居群落的人都要受制于他们所从事的社会生产活动。例如,在草原生活的民族多从事游牧生产,为了便于拆迁和挪动,他们居住的房子就逐渐演变为毡房。而且牧业生产皮毛,这也为毡房的搭建准备了原材料。而到了中原地区,所住民族多种植麦、稻、粱、玉米等农作物,需要常见看护,于是人们就搭建起稳定的居室。

6.宗教

很多民俗文化都是由宗教仪式演变而来的。例如,有些少数民族春耕要杀羊等牲畜祭神,办丧事多请道士设道场、做法事,选墓地、盖房子有看风水的习俗,等等。

二、民俗文化的特征

民俗文化是一种生活文化,具有以下几大基本特征。

(一)民族性

民俗文化最为基本的特征就是民族性。不同的民族,其民俗风情是不同的,从衣食住行,到道德信仰,每一个民族都有着自己的特色。例如葬俗,在我国,藏族实行天葬,回族实行土葬,门巴族实行水葬,鄂伦春族实行树葬,部分瑶族实行崖葬,等等。

(二)地域性

俗话说"一方水土养一方人",民俗文化是在一定的自然地理环境中产生的,不同的自然地理环境中会产生不同的生产生活方式,也就形成了不同的民俗文化。即使是同一个民族,居住在不同的地域,受自然地理环境的影响也会形成风格迥异的民俗文化特色。所谓"百里不同风,千里不同俗",也正是如此。例如,在饮食上,同处于东亚地区的中国和日本就有着很大的不同,中国注重各种调料的综合运用和人工成分,如川菜的麻辣鲜香、沪菜的浓油赤酱;日本则注重保持原料的本色本味,如刺身。即使是同在中国,不同地域也有着不同的饮食习惯,仅中原地区就产生了八大著名菜系鲁、川、粤、闽、苏、浙、湘、徽,对此后文中有详述,此处就不再赘述。

(三)集体性

民俗是民众创造的,是集体的智慧,因此,笔者认为,集体性也是民俗文化的主要特征之一。

"民俗的集体性是指民俗由集体创造、享用,并由集体保存、传承的特征。"①"民俗"一词，就是"民间习俗"或"民众习俗"的意思，这是一种具有广泛社会性的文化事项，一些由个人所创的民俗也必须为群体所接受、遵从，否则就不能称之为"民俗"。例如中国传统的春节习俗，从汉代定型至今，仍然是全国假期最长、民俗气氛最浓的固定假日。

（四）模式性

民俗文化现象的存在是类型的、模式的，一旦形成，就会逐渐形成一定的模式，具有极大的稳定性。民俗文化的模式性主要表现在民俗活动的程序和时间的运转周期上。一方面，民俗活动的程序是相对固定的，如婚礼和葬礼。另一方面，民俗依四时节令的变更有节奏地安排生产、生活，调整衣食住行。

（五）传承性

民俗是人类社会群体固有的传承性的生活文化现象，在社会现实中展现出来的，就是民众生活里那些不见文字记载，却被世世代代传承下来的各种规矩。所以，笔者认为，传承性也是民俗文化的一个要特征。

民俗文化具有传承性表现为它在发展的过程中是通过言传身教而世代流传下来。这一传承性既指其流传，又指其流行。"流传是指民俗在时间上的传播，这是一个历史的、纵向的概念；而流行则是指民俗在空间上的传播，这是一个地理的、横向的概念。"②例如，中国古代嫁娶的程序"六礼"——纳采、问名、纳吉、纳征、请期和亲迎，至今仍为很多地方沿用。

（六）变异性

民俗文化赖以生存的政治、文化、经济环境不是固定不变的，而是在不断发展变迁的，这就决定了民俗文化在流传中必然发生

---

① 黄任元，刘小春：《中国民俗文化概论》，北京：中国物资出版社，2012年，第4页。
② 谭业庭，张英杰：《中国民俗文化》，北京：经济科学出版社，2010年，第11～12页。

变异,这是其发展的内在规律,无论早晚,无论局部或整体。因此,笔者认为,民俗文化具有变异性的特征。

民俗文化虽然拥有相对固定的模式,但是在传承发展的过程中还是会发生变化的。因为某一民俗文化所在的政治、文化、经济环境是在不断变迁的,民俗文化在流传中必然发生变异,这是其发展的内在规律,无论早晚,无论局部或整体。例如,古代的春节本来是祭祀,后来在不断的传承发展中又逐渐增加了守岁、放爆竹、贴对联、吃饺子、拜年、看春节联欢晚会等民俗活动。又如,在清代以前,中原男子都是簪发为髻;清兵入关之后,汉族男子依满俗剃光顶发,余发拐在脑后梳成辫子,违者立斩;而到了民国时期,男子纷纷剪短了头发,开始流行分头、背头、平头等各式短发。

(七)规范性

民俗文化的模式性使其具有不成文的约束力量,规范着民众的言行和心理。因此,笔者认为,民俗文化具有规范性特征。这里的规范性是指"民俗文化对民众行为和心理所具有的制约作用"[1]。例如,在拥有图腾崇拜的民俗,图腾物是神圣不可侵犯的,触犯图腾物是要赎罪的。有些少数民族地区的相关规定也是如此,如福建武夷山区某村《村规》中有这样一条看起来非常严酷的规定:"乱砍一棵树,则砍掉一根手指头。"这一规定为该村村民们世世代代传承、家家户户遵守,如今该村漫山遍野是郁郁葱葱的树木,空气清新,风景迷人,引得无数游客前来观景赏花。又如,中国许多民族地区的民俗文化中对新生儿有很多的礼遇,如某家添丁进口,相熟交好的人都会来祝贺,他们会依据当地的风俗送红包、首饰、衣物、滋补品等礼物,一般所选礼物都要带有祝福新生儿健康、富贵等含义。

---

① 柯玲:《中国民俗文化》,北京:北京大学出版社,2011年,第6页。

（八）服务性

所谓服务性，是指"民俗文化在规范民众的同时，具有满足民众需求的功能"①。民俗文化是集体创造出来为民众服务的，或是满足社会需要，或是协调民众心理，或者为民众的生产生活实践服务，如二十四节气的制定是为农事活动服务的。

第三节　民俗文化的类型

民俗事象纷繁复杂，不管是经济基础，还是上层建筑，都附有一定的民俗行为，这也使得民俗文化种类繁多。总体说来，民俗文化大致可以分为以下几大类。

一、饮食文化

在人类发展的任何时期，饮食问题始终是社会和人生的第一要事。饮食民俗与人类社会同时产生，同步发展，同时进步。

（一）中国饮食文化的产生与发展

在中国，在没有学会用火以前，原始人"茹毛饮血"，食物都是生吃。由于火的发现和使用，使生活在 50 万年前的北京猿人从生食进化到了熟食阶段。熟食的出现是饮食习俗的真正开端。随着社会的发展，古代先民的饮食日益丰富，各式各样的食具也逐渐问世，形成了独特的中国饮食文化。中国饮食文化有着独特而丰富的内容，直观地反映着中华民族的生活状况、文化素养和创造才能。秦汉魏晋南北朝时期，各民族、各地区的饮食风格广泛融通，极大地丰富了饮食文化的内涵，促进了饮食文化的多样

---

① 柯玲：《中国民俗文化》，北京：北京大学出版社，2011 年，第 6 页。

性发展。在民族融合的过程中,从北方游牧民族和西域居民传来的新鲜物种和饮食风俗,对中国北方地区的饮食文化产生了极大的影响,使北方饮食出现了明显的"胡化"倾向。唐宋时期,随着农业、牧业和手工业的进一步发展,我国的饮食文化又达到了一个新的高峰,主食和副食品类日渐丰富。到了明清时期,中国饮食文化发展到鼎盛时期,南北各地的饮食流派最终形成,还出现了许多饮食方面的专著。

(二)中国传统饮食习俗

中国地大物博,民族众多,饮食习俗因地各异,具体如下。

1.日常食俗

日常饮食习俗就是为了满足人们日常生活需要的饮食。日常饮食主要由主食和副食组成。

中原传统的农业民族只把称为五谷的粮食做成的饭看作是主食。五谷是对各种谷物的概称,主要有稻、粟、黍、麦、菽和麻,其中,稻和粟最重要。粮食做成的饭食通常有饼、糗、饙、饵、粥等。

副食为肉类及蔬菜瓜果等。肉类食物的来源主要是家庭饲养的马、牛、羊、鸡、犬、猪等"六畜",还有各类野生动物。肉类有炙、脍、醢、脯等多种吃法,炙是烤肉,脍是细切的鱼或肉,醢是用肉或水产品做的酱,脯是干肉。蔬菜类食物主要是芥菜、白菜、韭菜、苦瓜、蔓青、萝卜、苦菜、竹笋等,还有各种野生菌类。水果类食物主要有梨、桃、李、杏、葡萄、石榴、西瓜、梅、枣、山楂、甘蔗、荔枝、龙眼、槟榔、香蕉、橘、柚等。

2.节日食俗

作为最能充分展示中国饮食文化的食俗之一,节日食俗赋予了食物更多的造型及特殊含义。例如,鱼象征吉庆有余,吃鱼要留鱼头,意味"有余头"。有一点需要注意,就是节日食俗在一般排菜时讲究"逢喜成双,遇丧排单,婚庆求八,贺寿重九"的习惯,且菜名注重"口彩"。

3.宗教食俗

所谓宗教食俗,就是"在原始宗教和现代宗教的影响下所形成的食俗禁忌、食俗礼仪和食俗规矩等"[①]。例如,在某些节庆活动中,神灵享用完祭祀食品后,人才能食用这些食品。又如,穆斯林奉行"五禁",每年要过"斋月",等等。

(三)中国饮食用具

在饮食用具方面,中国人的饮食习俗的一大特点是使用筷子。此外还有很多饮食用具,从用途上分,有豆、罐、鬲、杯、盆、碗、盒、瓮、壶、簋、盘等;从材质上分,有陶制品、瓷制品、金属制品以及竹木制品等;从发展历史上看,夏商西周由于饮酒之风盛行出现了专用于饮酒的器皿,有青铜制成的蚕和尊、爵。

(四)中国菜系

长期以来,由于我国饮食原料和主副食品的搭配以及自然环境、文化、风俗、习惯的不同,形成了许多不同风味的地方菜系。其中,历史渊源较深而最有影响和代表性的,也为社会所公认的是鲁、川、粤、湘、苏、浙、闽、徽等八大菜系。

鲁菜为八大菜系之首,讲究清汤和奶汤的调制,清汤色清而鲜,奶汤色白而醇。选料精细,刀法细腻,注重实惠,花色多样,善用葱姜,以清香、鲜嫩、味纯而著名。

川菜风味独特,重视选料,讲究规格,分色配菜主次分明,鲜艳协调。讲究色、香、味、形,尤其擅长调味,离不开辣椒、胡椒、花椒和鲜姜,以辣、酸、麻脍炙人口。烹调方法擅长烤、烧、干煸、蒸。

粤菜讲究鲜、嫩、爽、滑,夏秋力求清淡,冬春偏重浓醇。调味

---

① 程杰晟,张珂:《中国民俗旅游文化》,北京:中国人民大学出版社,2014年,第36页。

有五滋(香、松、臭、肥、浓)和六味(酸、甜、苦、咸、辣、鲜)之别。烹调擅长煎、炸、烩、炖、煸等,菜肴色彩浓重,滑而不腻。尤以烹制蛇、狸、猫、狗、猴、鼠等野生动物而负盛名。

湘菜用料广泛,油重色浓,多以辣椒、熏腊为原料,刀法奇异、形态逼真,口味注重香鲜、酸辣、软嫩。烹法擅长腊、熏、煨、蒸、炖、炸、炒。

苏菜浓中带淡,鲜香酥烂,原汁原汤浓而不腻,口味平和,咸中带甜。烹调技艺擅长炖、焖、烧、煨、炒,重视调汤,保持原法,烹调时用料严谨,注重配色,讲究造型,四季有别。

浙菜用料广博,主料注重时令和品种,配料、调料的选择旨在突出主料、增益鲜香、去除腥腻,清鲜嫩爽,滋、味兼得。刀工精细,形状别致,火候调味,最重适度。

闽菜的原料多为海鲜,有咸、甜、酸、辣各类口味。选料精细,刀工严谨,讲究火候、调汤、佐料,以味取胜;讲究清汤的调制,一般都以油鸡、火腿、蹄膀为用料。

徽菜选料朴实,以鲜制胜;善用火候,讲究火功;娴于烧炖,浓淡相宜;注重天然,以食养身。

二、茶艺文化

茶又称"茗"或"槚",距今已经四千多年历史。中国是茶的国度,是世界上最早发现和饮用茶的国家。

(一)中国茶艺文化的产生与发展

在我国,周代的人已懂得吃茶,但那时是将茶当作菜来吃。西汉时期,饮茶之风兴起,茶也作为商品在市场上广为流通。魏晋南北朝时期,茶的社会功能进一步加强,已被当作招待客人、进行社交活动的一种媒介。唐宋时期,饮茶之风遍及全国,以"品"为上的艺术饮茶得到了很大的发展。

唐代陆羽所著的《茶经》系统总结了前人的饮茶经验,并结合自己亲自采茶、制茶和煎茶的体会,对茶的起源、历史、栽培、烹煮、器皿、品饮等问题作了精辟论述。《茶经》诞生后,煎茶、饮茶几乎成为士大夫生活艺术化的不可缺少的组成部分。

宋代的茶学著作逐渐增多,其中较为著名的有蔡襄的《茶录》、子安的《试茶录》、黄儒的《品茶要录》等。在这一时期,茶仪已成礼制。在朝廷,茶被皇帝当成笼络大臣的手段,还被外交手段赐给外国使臣。在市民百姓群体中,市民茶文化和民间斗茶之风兴起。斗茶是古人集体品评茶的品质优劣的一种形式,各人带来自家好茶,在一起比试高低。斗茶之风的盛行在一定程度上促进了茶叶学和茶艺的发展。

元代时,茶艺逐渐归于简约。明代时,中国茶文化知识开始在欧洲传播。明末清初时期,精细的茶文化再次出现,茶的种类增多,泡茶的技艺提高,茶具的款式、质地、花纹更是千姿百态。明清时期,茶文化艺术成就非凡,有茶诗、茶画、茶歌、茶舞、采茶戏等。在清代,人们有意在茶中加入香花佳果,饮茶方式也有革新,茶叶出口已成一种正规行业,社会上出现了大量的茶书、茶事与茶诗。

(二)中国饮茶用具

茶具作为品茶的重要工具,既要实用大方,又要求精美、雅致。对于茶具的选择,包括种类、质地、产地、年代、大小、轻重、厚薄、形式、花色、颜色、光泽、声音、书法、图画、配套等方面,是一种综合性的艺术。精美的茶具使人在闲暇休憩时,品茗饮茶更加妙趣横生。

中国茶具有很多,主要可分为金属茶具、瓷器茶具、竹木茶具、紫砂茶具和玻璃茶具。

金属茶具是中国最古老的日用器具之一,由金、银、铜、铁、锡等金属材料制作而成。

瓷器茶具以盖碗为主,由盖、碗、托三部分组成。瓷器茶具的品种有很多,主要有青瓷茶具、白瓷茶具、黑瓷茶具和彩瓷茶具。

在中国茶文化发展史上,这些瓷器茶具都曾有过辉煌的一页。

竹木茶具主要有茶杯、茶盅、茶托、茶壶、茶盘等,制作方便,对茶无污染,对人体也无害,但无法长久保存。

紫砂茶具是一种新质陶器,是由陶器发展而成的。紫砂茶具始于宋代,盛于明清,流传至今。据说,北宋大诗人苏轼好饮茶,为便于外出时烹茶,曾烧制过由他设计的提梁式紫砂壶,以试茶审味,后人称为"东坡壶"或是"提梁壶"。

玻璃又称琉璃,用它制成的茶具色泽鲜艳,能给人光彩照人之感。中国的琉璃制作技术起步很早,但直到唐代才开始烧制琉璃茶具。琉璃茶具造型原始,装饰简朴,质地良好,透明度低。进入近代社会以来,随着玻璃工业的崛起,出现了形态各异的玻璃茶具。玻璃茶具用途广泛,加之价格低廉,购买方便,因而得到了广泛的应用。

三、酒水文化

在长期的发展历程中,酒文化形成了其独特的风格。对于人们来说,饮酒的意义远不止生理性消费,还作为一个文化符号,表示一种礼仪,一种气氛,一种心境。

(一)中国酒水文化的产生与发展

中国自古就是酒文化大国,世界三大古酒之一的黄酒就是中国绍兴酿造的。中国的酒有"上天造酒""猿猴造酒""杜康造酒"的传说。根据古文献记载,中国人的祖先在距今 6 000 多年前的大汶口文化时期就已经懂得酿酒和饮酒。

从酒本身的发展历程来看,最早产生的酒应当是果酒,后来发展到用谷物酿酒。到了商周之际,酿酒工艺已经有了较高水平的发展。战国时期发明了桂酒、桂浆,先秦时期发明了曲酒,两汉时期又出现了麦酒、金浆酒、椒酒等。魏晋南北朝时期,社会上出现了大量饮酒的风气,带动了大江南北的酿酒业。唐宋之前,酒皆是以果粮蒸煮,加曲发酵,压榨而出。酒的种类主要有高粱白酒、神曲黍米酒、清酒、糯米酒、胡椒酒等。唐宋之后,酿酒的程序由原来的蒸煮、曲酵、压榨改为蒸煮、曲酵、蒸馏。这一生产模式和现代已基本相同。酒的种类在这一时期也逐渐增多,各种名酒竞相出现。

葡萄酒始见于东汉,各代皆有记述,各地名品甚多。历代记载造酒的重要文献有北魏贾思勰《齐民要术》、宋朱翼中《北山酒经》、宋窦苹《酒谱》、明李时珍《本草纲目》、明高濂《遵生八笺》、明宋应星《天工开物》等。

与酒的发展历程相比,中国人饮酒的行为也有着悠久的历史。在周代时,已经出现了喝酒的酒楼,并建立了一套比较规范的饮酒礼仪,在正式的御宴上,还设立专门监督饮酒礼仪的酒官。汉代的用酒量很大,"有礼之会,无酒不行"。魏晋时期,喝酒尚放纵、尚狂放。唐代时,喝酒特为文人所崇尚,因而留下许多关于酒的文学作品。宋代关于酒的专著就有 10 多种,从不同的角度论述了当时的酒政、酒史轶事和酿酒技艺,一些著名的酒楼已成为街道上甚至是整个城市的代表性建筑,有的街道还以酒楼的名字命名。明代的袁宏道曾针对饮酒时不遵守酒礼写了《觞政》以告诫后人。清代时,当时酒店众多,墙壁上往往书一大"酒"字,屋檐下也挂有类似酒楼的招牌。

(二)饮酒用具

中国的酒器在不同的时期由于社会经济的不同,在制作技术、材料及酒器的外形上也有所变化,故产生了种类繁多、令人目不暇接的酒器。

酒器依据材料的不同可以分为天然材料酒器、陶制酒器、青铜制酒器、漆制酒器、瓷制酒器、玉器、水晶制品、金银酒器、锡制酒器、景泰蓝酒器、玻璃酒器、铝制罐、不锈钢饮酒器、袋装塑料软包装容器、纸包装容器等。

中国历史上还有一些金、银、象牙、玉石、景泰蓝等材料制成的酒器,虽不很普及,但具有很高的欣赏价值。

四、服饰文化

数千年来,在长期的生产活动和社会实践中,我国各民族人民创造出了种类繁多、式样丰富、精美绝伦的传统服饰。中国地域广阔,民族众多,南北气候差异巨大,这就决定了古代的服饰文化存在着显著的空间差异。同时,中国古代服饰受到礼教和封建道德规范的限制,在特定的时间内是人们守礼尊规的一种表现,反映着当时政治、经济、文化、习俗、审美、宗教等社会形态。

(一)中国服饰文化的产生与发展

北京周口店发现过旧石器时代山顶洞人所用的骨针,说明从那个时候起,居住在这块土地上的人们,已经知道缝制衣服。

商代人已经形成了上衣下裳、束发右衽的装束特点。西周时代,贵族们仍然把上衣和下裳分开,并在腰间常束宽宽的绅带,腹前有时还系着一条像围裙一样的韨。春秋战国时期出现了胡服和深衣,丰富了服饰的样式。

秦代,上衣下裳演变为连身的长衣。男子服饰是大襟窄袖,腰间系有革带,带端装有带钩;女子服饰亦为大襟窄袖,腰间以丝带系扎。汉代,深衣演变为直裾,成为礼服。男子日常喜着襦裤,女子则喜穿襦裙。

魏晋南北朝时期,中原地区的服饰吸收了胡服褊窄紧身和圆领、开衩等特点,形成缺骻袍等袍服。少数民族服饰则是逐渐汉化,多宽袍大袖式的衣裳冠冕。

隋唐时期,服饰变得大胆开放,男子多穿团领、窄袖袍;而妇女则多着衫、裙,前胸外露,肩上披帛。宋代服饰大体沿袭唐制,但妇女不戴帔帛,多穿小袖对襟式上衣,且上衣盖在下裙之外。

明代,百官依品级穿着不同颜色并绣有其他花纹的宽大袍服,民间男子日常多穿青布衣裤,女子上衣下裙,或着袍衫,颜色淡浅。清代废除明代服装,官员穿"蟒袍",普通百姓多用长袍、短褂和马褂。满族女子多穿旗袍,外面罩马甲;男子则长袍外面加背心或马褂。

民国时期,在城市,男子多穿中山装,女子多穿旗袍;广大农村一直沿用传统的袄裤。到了现代,国内外服饰呈现出大融合的趋势,服饰日益多元化。

（二）中国民族服饰的构成

服制大致可分为首服、衣裳和足衣三大类。

首服主要包括冠、冕、巾、帻、幞头、帽、抹额等。

衣裳主要分为分体制和衣裳合二为一制两种。分体制的衣裳上身为衣,主要有襦、袄、衫等;下身为裳,主要有裙、裤等。合二为一制衣裳主要有深衣、袍、直裰等。

足衣是为了保护脚不受伤害所制成的鞋子,主要有履、屐、靴等。其中,履是鞋子的总称,材质有皮、革、丝、麻等,样式有方头的也有圆头的。屐是指木底的鞋子。靴则是指长筒的鞋子。

五、居住文化

所谓居住文化,就是指"一个国家、民族或地域的广大民众在居住活动中所创造、享用和传承的属于本群体的独特的民俗习惯模式,包括选址、建房、迁入、居住这四个方面,一旦固定成一定的规则和惯例,随着时代的沿袭,便形成一定的居住民俗"①。

（一）中国居住文化的产生与发展

原始社会初期,人类没有建筑的意识,只要所住之处能够遮风避雨、抵御外界侵袭即可,所以他们的栖身之处多为天然洞穴,而在地势低洼、虫蛇较多的地方,人们会选择巢居。随着社会的

---

① 程杰晟,张珂:《中国民俗旅游文化》,北京:中国人民大学出版社,2014 年,第139 页。

发展,穴居和巢居逐渐发展为干栏式和木骨泥墙的房屋。

到了奴隶社会,夏代已经出现了夯筑技术,房基高台化,出现了草泥抹墙;商代则发展到庭院式建筑,如1983年在河南尸沟乡发现的早商城址中,宫殿遗址都是庭院式建筑;西周则出现了严整的四合院式建筑,如陕西岐山凤雏村早周遗址的院落布置近似于现代四合院,承重墙为垛泥墙或包有木柱的夯土,还使用了瓦,设计了很好的排水设施。

到了秦汉时期,民居多为一堂二室,建筑由屋顶、屋身和台基组成,穿斗式、抬梁式木构架结构技术成熟,出现了斗栱。

魏晋南北朝时期,民居多为一进、二进、三进或多进的大宅院,建筑结构与秦汉类似,木结构技术有所提高,砖瓦质量也有所提高,权贵豪门的房屋装饰极其奢华。

隋唐时期,居住建筑发展迅速。隋朝虽然属于短命王朝,但在建筑上的成就却不小,营建了规划严整的大兴城、繁华的东都洛阳和江都城。唐朝经济繁荣,国力富强,木建筑技术发展成熟,因而城市和宫殿的规模都空前宏大,布局和造型的水平也很高。规模巨大的宫殿、苑囿、官署,地方城、商业和手工业城,纷纷建立。民居的屋顶多舒展平缓,门窗朴实无华,多用木、竹为栋椽,屋顶铺盖茅草,台阶为泥土堆砌而成。

宋元时期,居住文化承袭唐代,风格趋于柔和,并呈现出多元化融合的趋势。

明清时期,民居多用砖材为材料,建筑多使用砖石或砖木混合结构,装饰材料扩大,琉璃、纱绸等都被用作装饰。

到了近现代,中国居住建筑在承袭传统居住基本建筑形式的基础上走上了中西方建筑融合的道路,各种风格的建筑设计盛行。

(二)中国居住文化的内容

中国的居住民俗主要包括以下几方面内容。

第一,选址习俗。在农业定居时代,中国人非常重视选址,依靠"风水术"形成了一系列的选择规则,即"觅龙""察砂""观水""点穴""取向"①。

第二,建房习俗。民间的建房步骤一般是开工、上梁、立门、落成。在开工时要选择黄道吉日破土动工,上梁时要选择吉时、放鞭炮、请客,有的地方立门要在门下挂一双筷子、一卷古书和一个装着五谷的红袋,房屋落成之后要设酒宴招待邻里、工匠和帮工。

第三,入住习俗。乔迁时要选择黄道吉日,有的要搬一盆旺火进屋,有的则是先恭敬地将祖宗神位请进屋,之后才能做其他事物。乔迁时也要设宴招待前来祝贺的亲友。

六、人生礼仪文化

人一生中会经历不少仪式,每个人以不同的身份、角色进入社会,都是通过人生之中的各种礼仪实现的。人生礼仪文化是社会民俗事象之一,是民俗文化中的重要组成部分。

在古代社会中,人的一生中要经历的最重要的礼仪有出生礼仪、成年礼仪、婚姻礼仪和丧葬礼仪。

(一)出生礼仪

出生礼为人类所共有,被称为"摇篮边的礼仪",历来被人们所重视。出生礼包括诞生礼、三朝礼、满月礼、百日礼和周岁礼。

1. 诞生礼

在古代,男孩出生要在侧室门左侧悬一副木弓,女孩出生则在侧室门右侧悬帨。男孩出生后睡床上、穿华服、佩玉器,贵族男孩在出生三天后要举行射天地四方的仪式,非贵族男孩则没有。

---

① 龙是祖山,即总山脉;砂是祖山分支延绵而下,与本宅关系最密切的山岗;水是从山上下来与本住宅及砂山最靠近的溪、河、泉水等;穴就是基址所在,有吉凶之分;向就是与基址垂直相对的方向。

女孩出生后则要睡地下、佩纺锤,没有射天地四方之礼,哪怕是贵族出身的女孩。这表现出明显的等级色彩。

2.三朝礼

三朝礼是孩子出生三日后举行的礼仪,主要风俗是洗三。洗三也被称为"洗三朝",是指婴儿出生后第三天,家人会集亲友,为婴儿举行的洗浴仪式。洗三时,主人家要备糕点款待前来道贺的亲朋好友,亲朋好友则要送红包。有的洗三后会用艾团和姜片擦孩子的关节等处,用葱打三下,取聪(葱)明伶俐之意。

3.满月礼

满月礼在小孩出生满一月举行,主要风俗有满月酒、剃胎发和移窠。在中国民间,满月礼风俗普遍流行。

在此日,亲朋好友带礼物来道贺,并送衣物、食品、摇篮等物品。主人则设丰盛宴席款待,请亲朋好友,喝满月酒,吃满月面。

剃胎发也称"落胎发""绞发",是满月礼中的一项重要仪式。在给满月的婴儿剃头时,不能把头发剃光,要在婴儿前脑门上留约一寸大小方形的胎毛。婴儿剃下的头发要搓成团,用红绿花线串起来,置于堂屋高处。

移窠也称挪窝、移巢。按照民间的习俗,婴儿只有到了满月时才可以随便走动。

4.百日礼

在婴儿出生的第一百日,一般要举行百日礼。在这一日,幼儿按照民间风俗要穿百家衣,挂长命锁,以保孩子健康成长,辟灾去邪。

5.周岁礼

周岁礼最重要的仪式是抓周。所谓抓周,就是将各种职业用具、玩具、生活用品放在一起,让婴儿在周岁时随意抓取,以预测其一生的志趣、性情和造化际遇。

（二）成年礼仪

中国古代的成年礼仪包括冠礼和笄礼。冠礼指的是男子的成年仪礼，一般是男子 20 岁时，由父或兄在宗庙主持加冠。笄礼是古代女子在 15 岁许嫁时举行的成人礼仪，由女性家长主持。在成人仪式中，来祝贺的亲朋一般会给孩子送一些结婚时用的物品。

（三）婚姻礼仪

在中国古代众多的婚姻形式中，最标准的婚式是聘娶婚。在聘娶婚仪式中，以"三书六礼"为其主要内容。

"三书"是指聘书、礼书和迎亲书。聘书即定亲之书，男女双方正式缔结婚约，纳吉时用；礼书即过礼之书，即礼物清单，详尽列明礼物种类及数量，纳征时用；迎亲书即迎娶新娘之书，结婚当日接新娘过门时用。

"六礼"是指纳采、问名、纳吉、纳征、请期、亲迎。纳采就是提亲、说媒。问名俗称讨八字，男方在求婚成功后派人询问女方的姓名和生辰八字，请阴阳先生合婚，只有八字相合方可定亲。纳吉就是订婚、定亲，男女双方合过八字之后，男家择定良辰吉日，携备三牲酒礼至女家，正式奉上聘书。纳征俗称下聘礼，订婚后，男方择定良辰吉日，携带礼金和多种礼品送到女家。请期俗称择日子、送日子，男方择定娶亲的日子，用口头或书面的形式通知女方家并征求女方同意。亲迎即娶亲，除天子外，其余新郎皆需亲自率领人马到女家迎娶新娘。

（四）丧葬礼仪

中国人历来非常重视丧葬礼仪。中国古代的丧葬制度包括埋葬制度、丧礼制度和丧服制度。

1.埋葬制度

在中国传统丧葬仪式中，落葬有土葬、墓葬、火葬、天葬、水葬等多种形式。其中,一些落葬方式已被淘汰,也有一些仍被今人所沿袭。

在中国古代,盛放死者的葬具是棺椁。"棺"是敛尸用具,"椁"是套在棺外面或绕棺四周的匣子。

2. 丧礼制度

丧礼非常复杂,差别也很大,但主要分为初终、入殓、下葬三个步骤。具体来说,初终分送终、招魂、报丧、哭丧、守铺和居丧。入殓有小殓和大殓之分:小殓是指为死者穿上入棺的寿衣;大殓一般在小殓次日举行,将死者入棺,仪式非常隆重。下葬是指埋葬死者的礼仪,据《礼记》记载:"天子七日而殡,七月而葬;诸侯五日而殡,五月而葬;大夫、士、庶人三日而殡,三月而葬。"

3. 丧服制度

在丧葬的各种礼仪中,中国古代特别重视丧服制度。丧服主要包括斩衰、齐衰、大功、小功和缌麻五种,俗称"五服"。其中,斩衰也称"斩榱",是用最粗的生麻布制成的,衣旁和下边不缝边,是最重的丧服。齐衰是二等丧服,大功、小功分别为三、四等丧服,缌麻是最轻的丧服。在丧礼上,穿"五服"的都是"亲属",且按亲疏远近来穿选择对等的丧服穿着,五服外的远亲不穿丧服,只是祖衣免冠以示哀伤而已。

七、节日文化

节日是人们为适应生产和生活的需要而共同创造的一种民俗文化。在中国,节日已经成为中国人的"文化之根"。中国传统的节日主要有春节、元宵节、清明节、端午节、七夕节、中秋节、重阳节、腊八节、除夕等。每一个节日都有不同的习俗,形成了丰富多彩的节日文化。

（一）春节

春节是整个中华民族的最隆重的传统节日。农历正月初一叫春节，古代称元日，又称正旦、元旦、元正、岁朝、年朝等。现在我们通常所说的春节多指自腊月廿三祭灶至正月十五元宵节，持续一个月左右的综合性的节日。在春节期间，主要有扫尘、贴门神、贴春联、燃爆竹、守岁、蒸年糕、包饺子、拜年等活动。

（二）元宵节

元宵节是中国传统节日中的大节，是正月十五的夜晚，又称"上元节""灯节"。

正月十五闹元宵，将从除夕开始延续刚从祝活动推向又一个高潮。元宵之夜，大街小巷张灯结彩，人们赏灯、猜灯谜、吃元宵，成为世代相沿的习俗。

（三）清明节

清明是我国的二十四节气之一，在阳历四月五日前后。清明节时，古人要带着酒食、果品、纸钱前去祭扫坟墓。时至今日，在中国社会中，清明节祭拜祖先、悼念已逝亲人的习俗仍然很盛行，不过很多地方已经发展为带着鲜花去祭奠亲友。此外，清明还有到郊外去踏青游玩、放风筝等习俗。

（四）端午节

端午是农历的五月初五，又称为"重五"或"重午"。端午节有纪念屈原的活动内容，在这一天，人们要吃粽子、划龙船竞渡。唐宋以后，端午正式成为法定的节日，是日朝廷常给百官赏赐。在明代，又把端午称为"女儿节"，给端午节的民俗活动增加了新的内容。

（五）七夕节

七夕指农历的七月初七，为传说中牛郎织女相会的日子，是中国的情人节,又被称为"女儿节""乞巧节"。在七夕当晚,女子们要穿新衣,拜双星,对月穿线,向织女乞求智巧,也有人向她求赐美满姻缘。

(六)中秋节

每年农历八月十五日是中国传统的中秋佳节,其隆重程度仅次于春节,历来受到人们的重视。由于八月十五日是每年秋天的正中,所以被称为中秋或仲秋。中秋节起源于先秦时期,定型于唐代。到了宋代,中秋节在社会中非常盛行,南宋民间以月饼相赠,取团圆之义。到了中秋节的晚上,民间有赏月、游湖等活动,有些地方还有舞草龙、砌宝塔等活动。明清时期,中秋节又增加了放天灯等活动。时至今日,设宴赏月、吃月饼的风俗仍很盛行。

(七)重阳节

农历九月初九是中国传统的重阳节。《易经》中把"六"定为阴数,把"九"定为阳数,故重九也被称为"重阳"。

重阳节的起源可以追溯至汉初。在汉初时期,每年九月初九,皇宫中都要佩茱萸,食蓬饵、饮菊花酒,以求长寿,后来,这一习俗传到了民间。古代每逢重阳,人们都要登高、赏菊、佩带茱萸、吃重阳糕、饮菊花酒。

随着时间的推移,重阳节被赋予了更多新的含义,成为尊老、敬老、爱老、助老的老年人的节日。

(八)腊八节

农历十二月初八是中国传统的腊八节,古称"腊日"。从宋代开始,每逢腊八这天,家家户户都要做腊八粥,祭祀祖先之后再分而食之,也会馈赠亲友。

(九)除夕

农历腊月的最后一天是中国的传统节日——除夕。除夕与春节首尾相连,有除旧布新、消灾祈福之义。在除夕之夜,全家人在一起吃年夜饭。对于中国人来说,年夜饭是非常重要的,除非万不得已,在外的游子即使相隔再远,也要赶回家,与家人一起吃团圆饭。吃团圆饭时,桌上的"鱼"代表"富裕"和"年年有余",象征来年"财富与幸运"。团圆饭后,全家人会一起守岁到凌晨。

八、游艺文化

游艺文化泛指各种民间娱乐活动,它广泛存在于社会生活中,不仅能够强身健体,还能够娱乐大众,是民俗文化中的重要组成部分。

中国游艺文化主要包括口头文学、民间游戏、竞技活动和民间工艺等内容。

(一)口头文学

在中国民间口头文学中,最常见的有民间歌谣和民间故事。

民间歌谣是各地人民以自己的艺术天才和集体智慧创造出来的极其珍贵的文化财富,其有广义和狭义之分。广义的民间歌谣指除绕口令以外的所有民间韵文类创作;狭义的民间歌谣则指篇幅短小精悍、抒情成分较为强烈的作品,包括民歌和民谣两部分,但是并不包括通常所说的叙事诗和史诗。

民间故事是一种历史悠久的口头文学样式,劳动人民智慧的结晶,是一个关于文化、历史、生活等多方面的百科全书。早在远古时代,人们就通过口头相传的方式来传播故事。民间故事有广义和狭义之分,广义的民间故事是指所有口头创作的叙事作品的总称,包括神户、传说、幻想故事、生活故事、寓言故事和笑话故事;狭义的民间故事则专指幻想故事、生活故事、寓言故事和笑话故事这四类。

(二)民间游戏

所谓民间游戏,就是指在广大人民群众日常生活中广泛流传的娱乐嬉戏活动,可分为智力型、玩耍型、赌博型三类。智力型民间游戏主要有下棋、猜谜、积木、射覆和猜枚等。玩耍型民间游戏主要包括捉迷藏、击鼓传花、老鹰抓小鸡、跳毯子、打陀螺、堆雪人、弹球、跑风车、抓石子等。赌博型民间游戏主要是骨牌、叶子戏、掷骰子等。

(三)竞技活动

竞技活动是一种以体力、技艺、技巧为竞赛内容的娱乐活动,主要有蹴鞠、六博、樗蒲、握槊、藏钩、戏射、投壶、击剑、摔跤、赛马、赛龙舟等活动。

(四)民间工艺

民间工艺是劳动人民以传统的、喜闻乐见的民族形式就地取材用手工制作的工艺。它与劳动人民的劳动、生活联系非常紧密,以品类浩繁、流派众多著称于世。中国的民间工艺主要包括民间绘画、刺绣、剪纸、年画、雕刻等。

九、信仰文化

所谓信仰文化,就是指"在长期的历史过程中,在民众中自发产生的一套神灵崇拜观念、行为习惯和相应的仪式制度"①。信仰文化充斥在生活的各个领域,主要包括神祇信仰、祭祀活动、吉祥崇拜和民间禁忌等活动。

(一)神祇信仰

中国的神祇信仰最初的对象是大自然,包括天地日月、山川河流、风雷雨电。至今有些地方还供奉天地爷,男女大婚还要"拜天地"。

---

① 程杰晟,张珂:《中国民俗旅游文化》,北京:中国人民大学出版社,2014年,第167页。

后来,宗教发展起来,人们祭祀的神祇扩展到道教的"三清"、佛教的佛、菩萨等。

神祇信仰仪式主要包括庙祭和家祭。庙祭是在寺庙里祭拜,家祭则是在宗祠祭拜。

(二)祭祀活动

日常祭祀的对象主要是祖先和俗神,主要包括祖先、灶神、土地爷、城隍爷。日常的祭祀活动基本是个人和家庭的事,一般由上香、跪拜、祷告、求签等环节构成。

(三)吉祥崇拜

吉祥崇拜主要是指拜喜神、财神、月下老人、八仙、门神、福星、禄星、寿星等吉祥之神,也包括人们通过联想制作出来的吉祥物和吉祥图案,如貔貅、如意、喜鹊、寿桃、松、鹤、龟等。

(四)民间禁忌

在长期的发展中,人类产生了各种禁忌,主要包括宗教禁忌、生产禁忌、语言禁忌、生活禁忌等,如不得随意破坏经卷法器、不得直呼长辈的名字等。

第四节　民俗文化与旅游的关系

作为某一地区群体悠久历史文化发展的结晶,民俗文化有着浓郁的地方特色和民俗特色,这也使得它与旅游之间有着不可分割的关系,具体如下。

一、民俗文化对旅游的影响

民俗文化对旅游的影响主要表现在以下两方面。

（一）民俗文化是重要的旅游资源

所谓旅游资源，就是指"令游客感兴趣、能够吸引游客的各种元素"①，这是旅游业赖以生存的基础。旅游资源主要包括自然旅游资源和人文旅游资源，对此后文中有详细描述，此处就不再赘述。而内容丰富、门类齐全、异彩纷呈的民俗文化旅游资源正是人文旅游资源中的一种，别具风味的饮食习俗、精美绝伦的服饰习俗、热闹隆重的节日习俗、奇巧精妙的居住习俗、优美动人的游艺习俗、神秘独特的信仰习俗等，都是极具旅游吸引力的优质旅游资源。

我国是一个多民族国家，每个民族都有着自己灿烂多姿的民俗文化。随着 21 世纪"文化旅游热潮"的兴起。民俗文化大大激发了生活在现代城市快节奏中的人的好奇心，因此，如何更快更好地开发民俗文化旅游资源，是当前旅游业面临的重大发展课题。不过，只有那些风格鲜明、独特、奇异的民俗文化才能唤起旅游者的兴趣，也才值得发掘。

（二）了解民俗是做好旅游接待的重要前提

民俗文化让旅游者心生向往，这是促使其前往旅游地的动力。而对于旅游接待方来说，了解民俗文化的相关知识是他们必备的素养。只要了解了本地的民俗知识，旅游接待者才能回答游客所提出的问题，如果接待者一问三不知，旅游者也许下次就不会再来了。此外，旅游接待者还要了解游客的背景民俗，这样才能了解他们的需求点，以提供个性化服务。

二、旅游对民俗文化的影响

旅游对民俗文化也有一定的影响，既包括正面的影响，也包

---

① 邹忠，刘敏，刘聚梅：《中国旅游民俗文化》，北京：中国人民大学出版社，2013年，第15页。

括负面的影响,主要表现在以下几方面。

(一)旅游能够促进民俗文化的交流与传播

旅游是人们在不同地区之间的暂时流动。在旅游的过程中,旅游者能够感受到旅游地的民俗文化特色,又能够将他的背景民俗带至旅游地,久而久之,两种民俗文化就会或多或少地发生碰撞、渗透、融合,从而促进了各地民俗文化的交流与传播。

(二)旅游能够促进民俗文化资料的传承

俗话说:"读万卷书,不如行万里路。"我国文人学者们多喜欢到全国各地游历,了解各地的风土人情,这才有了大量的有关风俗资料的游记文献,为我国民俗史的研究奠定了基础。

(三)旅游能够推动民俗文化的现代化进程

民俗文化是随着社会的发展而发展变化的。旅游能够使旅游者所在地和旅游目的地这两地的民俗文化接触,并相互影响。尤其是在一些相对闭塞封建的旅游目的地,旅游者的到来会打破他们的封闭状态,将现代文明带入其中,促使当地的生活发生变化,推动当地民俗文化的现代化进程。

(四)旅游有助于民俗文化的开发和保护

当前,旅游业的发展要求在开发旅游资源的同时要对其进行保护,因此,旅游开发商在挖掘、展示民俗文化的同时,也承担着宣传、保护民俗文化的任务,要确保那些极具民族特色的民俗文化能够继续传承下去。

(五)旅游会对民俗造成冲击

旅游会对民俗文化造成冲击。首先,受利益的驱使,很多民俗文化被删改、压缩,许多传统工艺粗制滥造,失去了本来的品质。其次,旅游者的涌入会带入异族或异地文化,这对民俗文化是一个不小的冲击,可能将旅游地的民俗文化同化、淡化甚至替代。最后,旅游者也会给旅游目的地带去腐朽落后的思想意识和生活方式,可能会导致旅游目的地传统道德观念的丧失。

总之,民俗与旅游业的关系是互动的,是不断变化的,既产生机遇,又具有挑战。

第五节　民俗文化旅游的产业价值与发展趋势

一、民俗文化旅游的产业价值

民俗文化旅游的兴起与发展,不仅推动了民俗旅游业的发展,也推动了社会文化经济的发展,具有多方面的旅游产业价值。

(一)低投资,高效益

民俗文化旅游一般不需要投入太多资金,只需要修筑交通、搞好卫生环境、规划好游览线路即可,投资少,收益大,能够极大地促进旅游地经济的发展。

(二)促进异族、异地的沟通与合作

旅游者被异族、异地的民俗文化吸引前去旅游,并将本地的风俗习惯带去,旅游地的人和旅游者通过对异族、异地文化的认识和了解,能够消除两族、两地之间的隔阂、偏见,增进友谊,取长补短,扩大合作,促进共同发展。

(三)改变乡村产业结构

民俗文化旅游的主要目的地在乡村,特别是农村、渔村、牧区等发展成了最大的优势经济和特色经济,促使乡村产业结构发生重大转变,使乡村资源得到了高效利用,产生了较高的经济、社

会、环境价值,也缓解了乡村劳动力过剩、产业单一的矛盾,促进了乡村经济的稳定发展。

(四)唤醒城市文化生命

历史民俗文化主要聚集在城市,但是曾经的文化运动和旧城改造运动使城市的历史民俗文化街区被销毁殆尽。随着民俗文化旅游的兴起,人们开始重建民俗文化街区,以重现城市的民俗文化,唤醒了城市的文化生命,给城市来带了人流、资金流、物流、信息流,带动了城市经济的发展,加快了民族地区城市化建设的进程。

二、民俗文化旅游的发展趋势

当前,我国的民俗文化旅游都处在探索阶段,还存在诸多问题,如民俗文化旅游环境受到不同程度的破坏,民俗风情商业化、庸俗化,民俗文化被同化、变异,旅游目的地缺乏开发资金、缺少人才,民俗旅游开发模仿和雷同之风很盛。对此,在今后的探索发展过程中,要着力解决这些问题,保护好珍贵的古民居、古城区,尊重民俗文化的原貌,维护民俗文化的真实和纯洁,弘扬优秀的民俗文化;政府也要加大对民俗文化旅游开发的支持力度,确保民俗文化旅游开发多样化,避免出现低档次、雷同的民俗文化旅游景区;同时要科学规划民俗文化旅游,明确民俗文化旅游的目的、战略和定位,使旅游总体规划与民俗文化旅游规划紧密衔接,防止旅游发展不当对民俗文化旅游环境的污染与生态破坏,突出民俗文化旅游的特色,从而走上辉煌的发展道路。

第一章　民俗文化旅游资源研究

随着旅游业的不断发展,民俗文化旅游越来越受到重视。全国各地特别是少数民族地区,都将民俗文化旅游作为发展区域经济和旅游业的重要途径。发展民俗文化旅游的前提是开发和利用民俗文化资源。民俗文化旅游资源是发展民俗文化旅游的基础条件。没有民俗文化旅游资源,民俗文化旅游的发展也就无从谈起。本章即对民俗文化旅游资源的相关内容进行阐述。

第一节　旅游资源的基本理论

民俗文化旅游资源的开发与利用需要建立在充分了解民俗文化旅游资源本身的相关理论之上的。而在这之前,对旅游资源相关理论的认识是必不可少的。

一、旅游资源

旅游资源是旅游者做出旅游行为的动机,因此,对其进行研究,了解其概念、类型、形成、特点等,对旅游业的可持续发展有着非常重要的意义。

(一)旅游资源的概念

"旅游资源"的概念是伴随着现代旅游业的兴起而出现的。由于旅游业是一种综合性行业,因而旅游资源的含义也十分丰富。目前,国内外学术界对旅游资源的概念没有一个统一的界定。但总的来说,可以从狭义和广义两个角度进行定义。

从狭义上来说,旅游资源就是人们通常所说的在一定时空范围内的自然旅游资源和人文旅游资源。

从广义上来说,旅游资源被着重强调了具有吸引旅游者这一特性,因此旅游资源也被称为旅游吸引物。在一些情况下,旅游吸引物是指旅游地能够吸引旅游者的所有因素的总和,不仅包括旅游资源,还包括旅游服务、接待设施以及交通条件和旅游商品等。

(二)旅游资源的类型

由于旅游资源内涵十分广泛,而且随着旅游业的发展,还处在不断变化发展中,因此对旅游资源的分类并没有一个统一的分类方案。我们可以根据不同的分类标准对旅游资源进行分类。

1. 按照旅游资源的属性及组成要素分类

按照旅游资源的属性,可将旅游资源分为自然旅游资源和人文旅游资源两大类,其中每一类又可以根据不同的组成要素进行进一步划分,这是一种常见的旅游资源分类方式。

(1)自然旅游资源

自然旅游资源指按照自然规律天然形成的旅游资源,它是由自然界中地理环境各要素和自然现象构成的。在自然旅游资源中,由于构成物质或要素及形成发展过程的不同,其成因、性质和表现形态千差万别。例如,以自然要素为依据可分为地质类、地貌类、水文类、气候类、植物类、动物类等;以自然地理环境为依据可分为山岳型、高原型、平原型、湖沼型、江河型、沙漠型、草原型、冰川型、海岛型、滨海型等;以旅游功能为依据可分为观光型、疗养型、避暑型、避寒型、度假娱乐型、探险寻幽型、科学考察型等。

(2)人文旅游资源

人文旅游资源是在人类历史发展中形成的,反映人类物质文明与精神文明的,能够吸引人们进行旅游活动的事物。人文旅游资源涉及的内容十分广泛,根据人文旅游资源在性质、内容和形式方面的差异,可以将其分为不同类型,如古建筑、古代伟大工程等属于历史类旅游资源,宗教圣地、宗教建筑以及宗教文化现象等属于宗教类旅游资源,动物园、游乐场等属于文化娱乐类旅游资源。

2.按照旅游资源质量等级分类

1999 年,国家质量技术监督局发布《旅游区(点)质量等级的划分与评定》国家标准。按照旅游资源品位、旅游交通、游览、旅游安全、卫生、通信、旅游购物、综合管理、年旅游人数、旅游资源与环境保护等条件,将我国旅游区划分为以下四个等级。

(1)一级旅游区

旅游资源品位突出,其历史价值或科学价值或艺术价值具有世界性的重要意义;或者其资源珍贵、稀少与奇特程度,在国内属于独有或罕见景观。年接待旅游人次在 50 万以上。

(2)二级旅游区

旅游资源品位突出,其历史价值或科学价值或艺术价值在国内具有代表意义;或其资源珍贵、稀少与奇特程度,在国内属于独有或罕见景观。年接待旅游人次在 30 万以上。

(3)三级旅游区

旅游资源品位突出,其历史价值或科学价值或艺术价值在本级行政区具有代表意义;或其资源珍贵、稀少与奇特程度,在国内属于独有或罕见景观。年接待旅游人次在 10 万以上。

(4)四级旅游区

旅游资源品位突出,其历史价值或科学价值或艺术价值在本地区具有重要意义;或其资源珍贵、稀少与奇特程度,在本地区属于独有或罕见景观。年接待旅游人次在 3 万以上。

3.按照旅游资源的吸引级别分类

按照旅游资源的吸引级别可分为国家级风景资源、省级风景资源和市(县)级风景资源。

(1)国家级旅游风景资源

这类资源具有重要的观赏、历史和科学价值,在国内外知名度较高。

(2)省级旅游风景资源

这类资源具有较重要的观赏、历史和科学价值,在省内外有较大影响。

(3)市(县)级旅游风景资源

这类资源具有一定观赏、历史和科学价值,主要接待本地游人。

4.按旅游资源的功能分类

根据旅游资源的功能,可以将其分为以下几类。

(1)观光游览型

观光游览型旅游资源以自然风光、名胜古迹、现代城镇乡村景观、古代宗教寺庙等为主。

(2)知识型

知识型旅游资源主要以文物古迹、自然奇观、文学艺术作品等为主。

(3)康乐型

康乐型旅游资源以文体活动、康复保健、度假疗养等为主。比如每到冬天,广东省清远市佛冈聚龙湾天然温泉度假村里就会聚满了旅游者,他们都是奔着当地各种药浴池以及特殊疗效的天然石板温泉热炕来的。

(4)参与型

参与型旅游资源主要以民风民俗、节庆活动、社会时尚、风味饮食、宗教礼仪等为主。

（5）购物型

购物型旅游资源主要是以购物为主要目的举办的展览会、节庆活动以及民风民俗活动等。

5.按照经营性质分类

旅游资源按照经营性质可以分为以下两类。

（1）旅游景观资源

旅游景观资源主要包括以下几个方面。

①自然景观资源。风景天气气候，如日出、云海、雪雾等；风景地质地貌，如山、谷、洞穴等；风景水域，如湖、海、河等；风景动植物，如森林、草原、古树等。

②人文景观资源。纪念地，如故居、墓地等；历史古迹，如石刻、古遗址、石窟等；古建筑，如古寺、古塔、古园林等。

③社会景观资源。风土人情，如民俗、节日、戏曲等；土特工艺，如地方特色、小吃、民间艺术等；现代建筑，如公园、娱乐场、工程等。

（2）旅游经营资源

旅游经营资源主要包括与旅游业有关的人才、食品、工业资源等，主要包括以下几个方面。

①旅游人才资源，如导游、旅行社经营者等。

②旅游食品资源，如各种特色水果、蔬菜的生产、供应等。

③旅游用品工业资源，如飞机、游轮、纪念品等。

6.按照国家标准分类

我国国家质量监督检验检疫总局于 2003 年 2 月发布了国家标准《旅游资源分类、调查与评价》（GB/18972—2003），其中旅游资源的分类如表 1-1 所示。

表 1-1　旅游资源分类表

主类	亚类	基本类型
A.地文景观	AA:综合自然旅游地	AAA:山丘型旅游地；AAB:谷地型旅游地；AAC:沙砾石地型旅游地；AAD:滩地型旅游地；AAE:奇异自然现象；AAF:自然标志地；AAG:垂直自然地带
	AB:沉积与构造	ABA:断层景观；ABB:褶曲景观；ABC:节理景观；ABD:地层剖面；ABE:钙华与泉华；ABF:矿点矿脉与矿石积聚地；ABG:生物化石点
	AC:地质地貌过程形迹	ACA:凸峰；ACB:独峰；ACC:峰丛；ACD:石（土）林；ACE:奇特与象形山石；ACF:岩壁与岩缝；ACG:峡谷段落；ACH:沟壑地；ACI:丹霞；ACJ:雅丹；ACK:堆石洞；ACL:岩石洞与岩穴；ACM:沙丘地；CAN:岸滩
	AD:自然变动遗迹	ADA:重力堆积体；ADB:泥石流堆积；ADC:地震遗迹；ADD:陷落地；ADE:火山与熔岩；ADF:冰川堆积体；ADG:冰川侵蚀遗迹
	AE:岛礁	AEA:岛区；AEB:岩礁
B.水域风光	BA:河段	BAA:观光游憩河段；BAB:暗河段；BAC:古河道段落
	BB:天然湖泊与池沼	BBA:观光游憩湖区；BBB:沼泽与湿地；BBC:潭池
	BC:瀑布	BCA:悬瀑；BCB:跌水
	BD:泉	BDA:冷泉；BDB:地热与温泉
	BE:河口与海面	BEA:观光游憩海域；BEB:涌潮现象；BEC:击浪现象
	BF:冰雪地	BFA:冰川观光地；BFB:常年积雪地
C.生物景观	CA:树木	CCA:林地；CAB:丛树；CAC:独树
	CB:草原与草地	CBA.草地；CBB:疏林草地
	CC:花卉地	CCA:草场花卉地；CCB:林间花卉地
	CD:野生动物栖息地	CDA:水生动物栖息地；CDB:陆地动物栖息地；CDC:鸟类栖息地；CDE:蝶类栖息地

主类	亚类	基本类型
D.天象与气候景观	DA:光现象	DAA:日月星辰观察地；DAB:光环现象观察地；DAC:海市蜃楼现象多发地
	DB:天气与气候现象	DBA:云雾多发区；DBB:避暑气候地；DBC:避寒气候地；DBD:极端与特殊气候显示地；DBE:物候景观
E.遗址遗迹	EA:史前人类活动场所	EAA:人类活动遗址；EAB:文化层；EAC:文物散落地；EAD:原始聚落
	EB:社会经济文化活动遗迹	EBA:历史事件发生地；EBB:军事遗址与古战场；EBC:废弃寺庙；EBD:废弃生产地；EBE:交通遗迹；EBF:废城与聚落遗迹；EBG:长城遗迹；EBH:烽燧
F.建筑与设施	FA:综合人文旅游地	FAA:教学科研实验所；FAB:康体游乐休闲度假地；FAC:宗教与祭祀活动场所；FAD:园林游憩区域；FAE:文化活动场所；FAF:建设工程与生产地；FAG:社会与商贸活动场所；FAH:动物与植物展示地；FAI:军事观光地；FAJ:边境口岸；FAK:景物观赏点
	FB:单体活动场所	FBA:聚会接待厅堂(室)；FBB:祭拜场馆；FBC:展示演示场馆；FBD:体育健身场馆；FBE:歌舞游乐场馆
	FC:景观建筑与附属型建筑	FCA:佛塔；FCB:塔形建筑物；FCC:楼阁；FCD:石窟；FCE:长城段落；FCF:城(堡)；FCG:摩崖字画；FCH:碑碣(林)；FCH:广场；FCJ:人工洞穴；FCK:建筑小品
	FD:居住地与社区	FDA:传统与乡土建筑；FDB:特色街巷；FDC:特色社区；FDD:名人故居与历史纪念建筑；FDE:书院；FDF:会馆；FDG:特色店铺；FDH:特色市场
	FE:归葬地	FEA:陵区陵园；FEB:墓(群)；FEC:悬棺
	FF:交通建筑	FFA:桥；FFB:车站；FFC:港口渡口与码头；FFD:航空港；FFE:栈道
	FG:水工建筑	FGA:水库观光游憩区段；FGB:水井；FGC:运河与渠道段落；FGD:堤坝段落；FGE:灌区；FGF:提水设施
G.旅游商品	GA:地方旅游商品	GAA:菜品饮食；GAB:农林畜产品与制品；GAC:水产品与制品；GAD:中草药材及制品；GAE:传统手工产品与工艺品；GAF:日用工业品 GAG:其他物品

主类	亚类	基本类型
H·人文活动	HA：人事记录	HAA：人物；HAB：事件
	HB：艺术	HBA：文艺团体；HBB：文学艺术作品
	HC：民间习俗	HCA：地方风俗与民间礼仪；HCB：民间节庆；HCC：民间演艺；HCD：民间健身活动与赛事；HCE：宗教活动；HCF：庙会与民间集会；HCG：饮食习俗；HGH：特色服饰
	HD：现代节庆	HAD：旅游节；HDB：文化节；HDC：商贸农事节；HDD：体育节
数量统计		
8 主类	31 亚类	155 基本类型

注：如果发现本分类没有包括的基本类型时，使用者可自行增加。增加的基本类型可归入相应亚类，置于最后，最多可增加 2 个。编号方式为：增加第 1 个基本类型时，该亚类两位汉语拼音字母＋Z，增加第 2 个基本类型时，该亚类两位汉语拼音字母＋Y。

（三）旅游资源的形成

旅游资源的形成并不是天生的，它既要有形成的基本条件，也要形成吸引功能。

1.旅游资源形成的基本条件

根据旅游资源最根本的划分，旅游资源形成的基本条件可以分为自然旅游资源形成的基本条件和人文旅游资源形成的基本条件。

（1）自然旅游资源形成的基本条件

自然旅游资源是天然赋存的。它的形成主要有以下几个条件。

①地球的圈层

地球表层可分为水圈、岩石圈、大气圈、生物圈。水圈内形成江河、湖泊、泉水、瀑布等水体旅游资源；岩石圈表面形成地质地貌类旅游资源；大气圈内形成气象、气候旅游资源；生物圈内形成生物旅游资源等。

②受地球景观带的分异规律控制

自然地理环境各组成部分及整个自然综合体分异的客观规律称为地域分异规律。影响地域分异的基本因素有以下两点。

一是太阳能按纬度分布不均以及与之有关的许多现象按纬度有规律的分异,这种地域分异因素就称为地带性因素。

二是决定海陆分布、地势起伏、岩浆活动等现象的地球内能,这种地域分异因素就称为非地带性因素。

③地质作用

地球的内营力是决定地势起伏、海陆分布、岩浆活动等的地球内能,它对自然旅游资源形成具有一定的控制作用。外营力地质作用表现在地壳外部,由岩石圈、水圈、大气圈、生物圈作用产生的改变地表形态的作用。

④气候的区域差异

地球表面的气候差异也是形成自然旅游资源的重要因素。一个地区的气候特征主要反映在纬度位置上,同时也和海陆以及海拔因素有关。由于气候的区域差异性,形成了避暑胜地、避寒胜地等旅游资源。同时,气候自身与其他自然地理要素相互配合也可以形成独具特色的自然旅游资源。

⑤地球水体的水文特征

大陆表面的河流、湖泊、瀑布、冰川等在气候、地质地貌、植被等因素的共同作用下,可以形成各种类型的水体景观,形成丰富的自然旅游资源。

⑥地球生物的多样性

在地球发展的不同地质历史时期,由于地理环境条件的不同,生物种群也存在着明显的差异,这些生物也成为重要的动植物旅游资源。

(2)人文旅游资源形成的基本条件

人文旅游资源的形成是社会、历史、文化各个方面综合作用的结果。

①历史遗存

目前,大多数的人文旅游资源都是历史发展、演进过程中留下的产物。人类在某个历史时期社会生活的各个方面,通过雕塑、遗址、壁画、建筑、文学艺术等各种形式保存下来,成为现代社会中重要的人文旅游资源。

②社会文化差异

不同地区、不同民族、不同社会形态下的社会文化的差异性是形成人文旅游资源的重要原因。正是由于社会文化之间具有差异性,才能吸引旅游者从一地向另一地移动来进行旅游活动。

③具有较高审美价值的社会文化现象

人类在发展过程中创造的一些具有较高审美价值的人类文化现象以及独特的社会文化现象,也具有普遍吸引力。它们成为人文旅游资源的重要组成部分。

④根据旅游者市场的需要创造

随着旅游者的需求不断扩大,为了满足旅游者多方面的需要,可以创造新的人文旅游资源。这类新的人文旅游资源可以是对历史遗迹的复原,或者是对其他地区一些建筑实体的仿制,也可以是根据当今旅游者的偏好进行的全新设计等。

2.旅游资源吸引功能的形成

旅游资源之所以可以成为旅游资源,最重要的原因是它能对旅游者产生吸引力,这也是旅游资源形成的重要方面。客观上来说,旅游资源吸引功能的形成,是由于旅游资源能从不同方面满足旅客的旅游需求和旅游动机,从而形成了一定的吸引力。

人们的需求是多样的,从而导致人们外出旅游的动机也是多种多样的。美国学者罗伯特·W·麦金托什提出旅游动机可划分为以下四种基本类型。

(1)身体方面的动机,包括度假休息、海滩消遣、娱乐活动、参加体育活动及其他直接与保健有关的活动等。

(2)文化方面的动机,希望了解异国他乡的情况,包括绘画、音乐、民俗、建筑、舞蹈、宗教等。

（3）人际方面的动机，包括探亲访友、逃避日常例行琐事、结识新朋友等。

（4）地位和声望的动机，主要是关心个人成就和个人发展的需要，包括会议、事务、考察研究、追求业余爱好等。

除了旅游者的旅游需求和旅游动机外，旅游资源本身的吸引程度也是旅游资源吸引功能形成的重要因素。从某种意义上来说，旅游资源本身的吸引程度是一种相当主观的东西。比如，某项旅游资源可能对某些旅游者产生强大的吸引力，而对另外一些旅游者则无多大吸引力甚至根本没有吸引力。所以任何一项旅游资源都只能吸引某些客源市场，而不可能对全部旅游市场都具有同样大的吸引力。

从整体上来看，影响旅游资源吸引功能的因素主要包括以下三个方面。

第一，旅游资源本身的因素，包括旅游资源的美感、丰富度、奇特度、科学价值、历史文化价值、组合性、旅游容量、环境质量和保护条件等。

第二，旅游资源存在的外部条件，包括旅游资源所在地的可达性、已开发度、与其他旅游地的关系、基础设施和旅游配套设施建设情况、服务水平等。

第三，旅游者因素，包括游客偏好、文化程度、受教育状况、性别、年龄等。

（四）旅游资源的特点

1. 广泛性与区域性

旅游资源的分布极其广泛，几乎遍布世界各个角落。地球上的任何地区都存在相对意义上的旅游资源，只是必须把它放在一定时间、空间和条件下来分析，这就是旅游资源的广泛性。

在广泛性的基础上，旅游资源的分布又具有区域性，即不同地区的旅游资源因自然地理环境、社会环境的不同而形成不同的特色。区域性是旅游资源最本质的特征之一,正是由于旅游资源之间存在着差异性,才能对旅游者产生吸引力。

2. 多样性与综合性

旅游者的兴趣是广泛的,因而旅游资源比其他资源有着更为显著的多样性。从旅游资源的分类中,就可以看出旅游资源的多样性和丰富性。但现实生活中的旅游资源并不是单独存在的,总是由众多旅游资源因素组合在一起从而形成旅游点或旅游区,这就体现出旅游资源的综合性。以杭州西湖为例,首先是湖、山、气象巧妙配合而成的自然美景,然后是历代开发者和文人墨客在这山水之间留下的人文景物,形成了自然山水与人文景观的绝妙配合,从而使西湖风景区的“资源配置”十分和谐。

3. 文化性与科学性

旅游资源具有文化性,人们可以通过观光、游览等旅游活动来获取知识,调节身心。这种文化属性的体现是多方面的,所蕴含的内容也是丰富的,如美学的观赏性、陶冶情操的功能等。

同时,许多旅游资源不仅具有文化价值,还具有科研意义。例如,典型的地质剖面、古生物化石群等自然资源就具有极高的科学价值。一些人文景观旅游资源,不仅反映了人类社会的历史发展,而且到现代也具有很高的科学性,如都江堰水利工程。

4. 变化性与固定性

旅游资源与其他事物一样,有其产生、发展、变化的过程。在不同的时代、不同的社会环境下,有的事物可作为旅游资源被开发利用,有的则不能。而且随着人类文明的进步,人们的兴趣及时尚潮流会不断发生变化,旅游者的旅游需求的变化也会影响着旅游资源吸引力的变化。这些都是旅游资源变化性的表现。

旅游资源在地域上具有固定性,大多数情况下都是旅游者主动去接近旅游资源。但是,这种特性并不意味着旅游资源不可以被移植或和创造,只是在这种情况下必须考虑到旅游资源存在所必需的条件。

5.可持续性与不可再生性

旅游资源在开发利用上具有可持续性的特点。一般来说,大多数的旅游资源是不会被旅游者的旅游活动所消耗的,旅游者通常只能通过旅游资源获得一些美好的感受。但旅游资源又具有不可再生性,它们是在特定的条件下,在漫长的自然变迁和历史演进过程中形成下来的,是大自然和人类祖先遗留下来的极其珍贵的宝藏。如果开发利用不当,保护不周,使旅游资源遭到破坏,要再进行修复是几乎不可能的。

6.不确定性与复杂性

从价值上看,旅游资源具有不确定性。随着人们的认识水平、审美需求、开发能力、发现迟早等因素的变化,旅游资源的价值也会随之发生改变。

旅游资源的不确定性又导致了旅游资源评价的复杂性,人们无法用一般衡量资源的方法去评价旅游资源。旅游资源的评价总体上集中在美学观赏、科学文化以及健身娱乐等方面,其中美学观赏是其评价核心。但美学价值的评价不仅没有一个客观的标准,也往往由于评价者的主观感受而难以形成统一的认识,从而出现不同的人对同一旅游资源的价值和开发持不同意见的情况。同时,旅游资源内涵十分丰富,涉及众多学科的知识,很难制定一条统一的评价标准。因此,旅游资源评价的复杂性主要是由资源本身的特点和评价者观点的不一致两方面共同造成的。

二、民俗文化旅游资源

民俗文化旅游资源是各地区发展民俗文化旅游业及开展民

俗文化旅游服务的基础条件。因此,对民俗文化旅游资源进行研究,了解其概念、特点、类型及地位,对利用、开发民俗文化旅游资源,发展民俗文化旅游业有着重要的理论指导意义。

(一)民俗文化旅游资源的概念

对于"民俗文化旅游资源"的概念,目前学界还没有一个统一的界定。根据前面对旅游资源基本理论的阐述,可以认为,"民俗文化旅游资源是形成旅游者从客源地到旅游目的地参加民俗旅游的因素,是具有一定的旅游功能和旅游价值,并且可以产生经济效益、社会效益、文化效益的各类民俗事象的总和"①。

民俗文化旅游资源是民俗文化旅游业发展的基础条件。一个地区民俗文化旅游资源的丰富程度及开发潜力如何,会直接影响着该地区民俗文化旅游的发展前景。

(二)民俗文化旅游资源的特点

旅游业是一个以"优""特"取胜的行业,旅游资源只有具有独特的个性才具有生命力。民俗旅游资源是旅游资源的组成因子,它既受地理环境的影响,在空间分布上显现出区域特征;又属于人文环境的一部分,处处打上了历史文化的烙印。

1.世界性

民俗文化旅游资源是人类在长期的历史发展过程中不断积累、沉淀下来的,是人类群体的文化结晶。正所谓,"越是民族的,就越是世界的"。民俗文化旅游资源凭借着民俗文化的传承性和传播性得以广为发展与流传,形成了一定的民俗旅游文化区,而众多的民俗旅游文化区组合又构成了一个国家乃至人类共同的旅游文化体系。这就为各民族、各区域之间相互交流奠定了基础。"广西桂东民俗旅游专线(桂林、梧州到富川、钟山、贺县),桂

---

① 巴兆祥:《中国民俗旅游》(新编第二版),福州:福建人民出版社,2013年,第262页。

北民俗旅游专线(桂林到龙胜、恭城),柳州地区民俗旅游专线(桂林、柳州至金秀、融水、三江)自 1991 年相继推出以来,受到中外游客的欢迎,正说明了这一点。"①

2.丰富性

民俗文化旅游资源的丰富性主要表现在以下几个方面。

(1)民俗文化旅游资源门类齐全

民俗文化旅游资源的范围十分广泛,几乎包括人类生活的各个领域和各个层面,毫不夸张地说,三百六十行,行行都有自己的民俗,也就形成了各自的民俗文化旅游资源。

(2)民俗文化旅游资源的区域异样性

民俗文化旅游资源的形成会受到地理环境的影响,既呈现出全国共通性,又表现出区域异样性。特别是区域异样性,是民俗文化旅游资源的魅力所在,具有无法复制性。

例如,同样是民歌,山西民歌与云南民歌就存在着差别。即使是在山西,不同地方的民歌也具有不同的特色,如"晋西北民歌,音调高亢,音行跳跃性大,听起来颇有塞上高原那种特有的辽阔、雄浑之感,且抒情憨直、泼辣,朴素明快之中又洋溢着诙谐、缠绵之美;晋中民歌,无论内容上还是形式上,都较为灵活、自由,富于变化;而晋东南民歌则调式古板,乡土习俗味道较重;左权民歌自成脉系,清新、柔媚"②。又如在北京看维吾尔族歌舞就感受不到在新疆维吾尔自治区观赏维吾尔族歌舞的那种味道。

(3)民俗文化旅游资源的多民族属性

我国是一个多民族的国家,不同民族在各自不同发展与演变的过程中,形成了各具特色的民俗文化。旅游者乐于去他乡异族旅游,就在于享受不同民族的民俗文化旅游资源所赋予的美感和

---

① 巴兆祥:《中国民俗旅游》(新编第二版),福州:福建人民出版社,2013 年,第266 页。

② 张春丽:《山西民俗文化旅游资源及其开发研究》,华中师范大学研究生学报,2006 年第 2 期。

新奇。例如,"贵州少数民族民俗文化旅游资源异常丰富,按不同的标准可划分为四个大类:①经济民俗文化旅游资源:如 A. 生产性民俗文化;B. 交易性民俗文化;C. 生活性民俗文化。②社会民俗文化旅游资源:如 A. 社会礼仪民俗文化;B. 家族民俗文化;C. 村落民俗文化;D. 民间组织民俗文化;E. 历法和时节节日民俗文化。③信仰民俗文化旅游资源:如 A. 民间巫术、占卜类;B. 民族宗教活动民俗文化;C. 民间禁忌超自然事物。④游艺性民俗文化旅游资源:如 A. 民间体育竞技民俗文化;B. 民间杂艺民俗文化;C. 民间艺术类民俗文化;D. 民间口承语言民俗文化"[①],2015年,贵州接待省外游客达 1.66 亿人次,实现 2010 年至 2015 年五年期间年均 23.6％的增长。

3. 朴实性

民俗是为普通百姓所创造、享有的一种文化,民间生活的质朴性决定着民俗文化旅游资源具有朴实性。民俗文化旅游资源的朴实性主要表现在以下几个方面。

(1)民俗文化旅游资源要有乡土气息,突出地方特点。

(2)民俗文化旅游资源应能够真实、自然地反映民间生活的原貌。

(3)民俗文化旅游资源要具有可靠性。

4. 易逝性

民俗文化旅游资源的易逝性,是指民俗文化旅游资源在被开发和利用的过程中,因种种原因,很容易遭到破坏甚至消失。例如,江苏镇江千年粮仓被强行拆迁;云南大理为了修建公路拆除了唐代的古城墙;陕西凤翔县千年古城墙被挖断,建成工厂大门;山西国家古建毁坏情况惊人,5 间大殿塌了 4 间,梁上布满虫眼,明代壁画被泥水遮盖;等等。这些民俗文化旅游资源一旦被破

---

① 刘峻岭:《论贵州少数民族民俗文化旅游的发展》,商场现代化,2008 年第 20 期。

坏,即使通过科学研究、搜集资料等方法进行复原,也难以恢复原貌。因此,在开发和利用民俗文化旅游资源时,要注重对民俗文化旅游资源的保护。

5.定向性

旅游者的旅游需求及旅游动机具有多样性,同一民俗文化旅游资源可能对某些旅游者有很大吸引力,而对另一些旅游者则吸引力不大或者毫无吸引力。例如,川菜以麻辣、麻酸、味浓而著称,湖南、湖北、江西、贵州等地的旅游者大多兴致盎然,而不少上海、江苏、浙江等地的旅游者却望而却步。因此,任何一项民俗文化旅游资源都有吸引力定向的特点,往往只能吸引某些市场,而不能对全部市场产生吸引力。

6.组合性

一定地区的民俗文化旅游资源与该地区的自然环境、社会环境是紧密联系在一起的。民俗文化旅游资源的组合性,是指不同种类民俗文化旅游资源之间以及民俗文化旅游资源与其他类型旅游资源之间的配套、组合关系。比如,民俗节日与观赏自然美景相结合,或者田园风光与农耕民俗相结合等。组合、配套的关键点在于景点要相对集中,类型丰富,整体和谐。例如,很多人前往西双版纳旅游,不仅是为了参加泼水节、赛龙舟、孔雀舞等具有民俗特色的节日活动,吃粑粑、毫诺索(年糕)等特色食物,也因为那里是热带雨林,有着各种罕见的动植物自然景观。

7.群体性

民俗是一种群体的创造物,因此,它具有群体性。除少部分民俗文化旅游资源可以个人进行外,大部分的民俗文化旅游资源,如傣族泼水节、彝族火把节、蒙古族的那达慕大会、苗族的斗马节和踩山花节、侗族的斗牛节、仡佬族的吃虫节、锡伯族的抹黑节、傈僳族的刀杆节等,都是需要群体共同参加的。

8.不可根移性与不可仿制性

民俗总是与一定群体或民族久居的地域条件相适应,一旦离开了它生存的土壤与环境,就会失去原有的魅力。这就是民俗文化旅游资源的不可根移性。民俗文化旅游资源的这一特点决定了民俗文化旅游应是旅游者来旅游地观赏民俗文化旅游资源,而不是将民俗文化旅游资源移向客源地去迎合旅游者。当然,在实际生活中存在着移民俗文化旅游资源趋向旅游者的现象。有些地区为了发展旅游业、增加旅游节日,或者请其他民族地区的演员进行民俗表演,如北京圆明园的民俗游乐活动;或者建立民俗文化主题公园,如深圳的中国民俗文化村。这种行为,有的取得成功,有的效果不甚理想。以江南池州的杏花村为例,该村不仅具备独特的自然属性,而且有着丰富的文化属性,集诗歌、酒、农耕渔猎、商贸、陶瓷、书画雕刻出版、战争祭祀、园林诸文化于一体,形成了独特的杏花村文化,它不是借鉴他文化而产生的,也没有为他文化所借鉴,其在历史上已具有不可复制性,在今天亦是如此。

移民俗文化旅游资源趋向民俗旅游者的现象,就本质而言,是一种对民俗文化旅游资源的仿制。因为民俗文化旅游资源的民俗环境和民俗气氛是无法根移的,他们仿制的只能是"形",而不是"神"。

(三)民俗文化旅游资源的类型

对民俗文化旅游资源进行分类是民俗文化旅游资源评估、规划、开发、保护的基础性工作。从不同的角度,可以将民俗文化旅游资源分为不同的类型。

1.按民俗文化旅游资源的本体属性分类

(1)物质民俗文化旅游资源
物质民俗文化旅游资源可分为以下两类。

①消费民俗,如服饰民俗、饮食民俗、居住民俗、行旅民俗等。例如在山西,山西的面食、杏花村的汾酒、柳林的红枣、平遥的牛肉及老陈醋等就属于这类民俗文化旅游资源。

②行业民俗,如农耕民俗、手工业民俗、畜牧民俗、渔猎民俗、商业民俗等。例如,辽宁省本溪满族自治县的传统农耕文化区、新疆伊宁市的民族手工业基地、青海省祁连县的牧游业、黑龙江省的渔猎文化、广西巴马的"一站式"民俗风情商业街等就属于这类民俗文化旅游资源。

（2）社会民俗文化旅游资源

社会民俗文化旅游资源可分为以下四种类型。

①岁时节日民俗,如传统岁时节日、现代节日等。

②人生礼仪民俗,如育儿礼俗、成年礼俗、婚姻礼俗、寿庆礼俗、丧葬礼俗等。

③游艺民俗,如竞技民俗、游戏民俗、歌舞民俗、技艺民俗等。

④社会结构民俗,如家庭民俗、亲族民俗、社团民俗、乡里民俗等。

（3）意识民俗文化旅游资源

意识民俗文化旅游资源可分为以下三种。

①原始信仰民俗,包括自然崇拜、图腾崇拜、祖先崇拜等。例如,内蒙古的祭天、贵州布依族的竹、牛以及鱼图腾崇拜、客家土楼人民的祭祖等。

②禁忌民俗,如生产禁忌、宗教禁忌等。例如苗族,客人至苗家,必以酒相敬,客人若接受,主人会引为知己;若客人不胜酒力,也要象征性品咂一下。苗家人杀鸡待客时,总将鸡头、鸡肝、鸡脯奉予老人或最尊贵的客人,将鸡腿送给小孩,将翅膀交于青年男女,祝其前程无限。在一家几代同堂之时,青年男女不应有过分亲昵举动。苗家人与自然关系亲密,认为无论桥头、树下、屋头、灶旁都有神灵依附。每逢节庆或贵宾来临,均烧香供奉,告慰祖先,以祈求平安。客人不宜对这类活动表示非议。若苗家门口插草标,意为家中有病人,忌外人进家。

③宗教信仰及民间信仰民俗,比如对道教、佛教、天主教等宗教的信仰。例如,天津的俗神崇拜,包括天后崇拜、门神崇拜、财神崇拜、关帝崇拜等,以天后崇拜为例,天后在天津人的心中是"老娘娘",地道的天津人很少有知道天后宫的,但一提到"娘娘宫"便众所周知了。天津人对天后的崇拜源于天津的码头文化,三岔河口,五方杂处,天后信仰是维系天津人民风民格的纽带,具有很强的包容性。其中尤其天津结婚妇女都将"栓娃娃"作为一件大事,到"娘娘宫"偷个娃娃,而后每年"洗"一"洗",娃娃大哥也就逐渐成了娃娃大爷、娃娃太爷。

2. 按民俗文化旅游资源的价值分类

根据民俗文化旅游资源的价值可以分为以下几类。

(1)物质享受型民俗文化旅游资源

物质享受型民俗文化旅游资源是指具有享受价值的物质形态的民俗事象,包括民俗食品、民间工艺品、土特名产、民俗旅游设施等。例如,陕西秦始皇兵马俑,很多游客前往旅游之后,都会带回来一些兵马俑工艺品赏玩;去内蒙古旅游的游客也会带回一些特色牛肉干,等等。这种资源不仅能满足旅游者的生理需求,还能给旅游者以物质上的享受。

(2)精神享受型民俗文化旅游资源

精神享受型民俗文化旅游资源是指以精神享受和满足为主要价值特征的旅游资源。比如,旅游者到一家餐馆品尝当地风味特产,他既可以享受到形、器之美,又能获得温馨、愉悦的心理体验。

3. 按旅游者的需求方式分类

旅游者是民俗文化旅游活动的主体,其旅游动机直接影响着民俗文化旅游地的发展。根据旅游者的需求,可以将民俗文化旅游资源分为以下几类。

(1)消遣观光型民俗文化旅游资源

消遣观光型民俗文化旅游资源是指具有外显特征,较容易引起旅游者兴趣,并能满足旅游者消遣观光需要的民俗事象。民俗的范围极广,其中有很多具有外部视觉特征,如服饰、节日、民居等,其外在视觉特征越明显,民俗文化的氛围就越浓烈,其旅游价值就越高。

(2)娱乐型民俗文化旅游资源

娱乐型民俗文化旅游资源十分丰富,广泛存在于社会、物质、意识民俗文化中。娱乐型民俗文化旅游资源不仅为我国各族人民世代享用,而且极具旅游价值。目前,在各类民俗文化旅游资源中,这种类型是开发、利用得较多的一种。

(3)考察型民俗文化旅游资源

考察型民俗文化旅游资源包括民间信仰、神话传记、方言土语、宗族、传统民居、耕作习惯等,是一种深层的民俗文化旅游资源。这种旅游资源具有民族性、地域性和神秘性,能够反映出某一民族群体或某一区域的文化内涵。

(4)参与型民俗文化旅游资源

民俗文化旅游资源具有群体性特征,也就是说,很多活动需要集体参与,如赛龙舟、拔河、泼水节、火把节、放风筝等。旅游者可以通过参与这类活动,去进一步感知和体验民俗文化的意蕴。参与型民俗文化旅游资源的体验性、休闲性越来越受到人们的重视,它的价值也越来越显现。

(5)商品型民俗文化旅游资源

商品型民俗文化旅游资源,是指具有旅游吸引力并富实用性、纪念性、工艺性的民俗商品。在民俗文化旅游快速发展的今天,有些旅游者在观光、考察的同时,对各类与民俗文化有关的商品产生了浓厚的兴趣,激发了购买欲望,甚至有的人是专门为了买这些商品才前往旅游地的,旅游者购买民俗商品的用途主要是留作纪念、馈赠亲友等。我国这类资源有很多,主要是各类民间工艺品(如花灯、风筝、刺绣品、雕刻品等)、文房四宝、土特产、服饰等。

4.按旅游者的体验分类

1979 年美国学者德赖弗提出,旅游者的心理体验是划分旅游资源类型的重要标准。据此,可以将旅游资源分为原始地区、近原始地区、乡村地区、人类利用集中地区和城市化地区。因此,民俗文化旅游资源也可以分为以下几类。

(1)近原始型民俗文化旅游资源

在我国,各民族生活区域的自然条件和经济发展水平不平衡。我国少数民族历史悠久,大多分布于自然环境比较恶劣的边远山区,经济、社会发展较缓慢,因此仍保留了大量古老的原始遗风。这些近原始型民俗文化具有极高的旅游价值,开发前景十分良好。

(2)乡村型民俗文化旅游资源

目前,民俗文化旅游发展的主要方向之一就是开展乡村型民俗文化旅游。乡村型民俗文化旅游资源,依空间区域可分为平原亚型、水乡亚型、山村亚型、渔村亚型、草原亚型等。

(3)市镇型民俗文化旅游资源

我国自宋代以后,市镇不断增多,市镇经济越来越繁荣,市镇民俗也就日益发展并丰富起来。就开发价值而言,江南市镇、运河沿线市镇、珠江三角洲市镇、西南山地市镇的民俗文化旅游资源价值较高。

(4)都市型民俗文化旅游资源

都市是市镇的扩大,是一定区域的政治、经济、文化中心。都市生活丰富多彩,娱乐性更强,更具时代气息。开发都市民俗文化旅游资源也是当前旅游业发展的重要方向。

另外,民俗文化旅游资源还有其他的分类方法,如根据民俗文化旅游资源的存在形式分为有形和无形;按照开发程度可分为已开发、潜在民俗文化旅游资源;等等。

(四)民俗文化旅游资源在旅游业中的地位

旅游已成为人们生活中不可或缺的部分。旅游者对旅游活动的需求已不限于自然景观、名胜古迹,而更对异域他乡的民俗风情产生兴趣。民俗文化旅游资源在旅游业中发挥着越来越重要的作用。

1.民俗文化旅游资源是旅游业发展不可或缺的重要资源

在旅游这个综合性系统中,旅游者、旅游资源以及旅游介体等,在各自的位置上发挥着相应的功能。其中,旅游者是旅游活动的主体,旅游者的兴趣面极其广泛,自然风景、文物古迹、民俗风情、宗教活动等都包含其中。由于民俗风情是旅游者的旅游目标之一,因此,民俗文化旅游资源就自然成为旅游资源的重要组成部分,是旅游业发展不可或缺的因素之一。

2.民俗文化旅游资源丰富着我国及其所属各地区的旅游资源

旅游资源是旅游业赖以存在和发展的基础。在我国,由于自然地理环境和历史文化的差异,各地区旅游资源的分布不平衡,有的地区甚至只有单一的旅游资源,这就会直接影响着该地区旅游业的发展。但是民俗文化是无处不在、无时不有的,我们应该充分挖掘地区民俗文化旅游资源,发挥其旅游价值,从而丰富该地区的旅游资源,达到增强其旅游资源吸引力的目的。

3.民俗文化旅游资源可以提高旅游地的整体形象

一个旅游区域的整体形象是由自然旅游资源、人文旅游资源、旅游设施、旅游地社会状况等多种因素综合形成的。其中,民俗文化是一个地区在漫长历史过程中形成的,是一个民族或地区群体的气质和心理的体现。无论是旅游资源,还是旅游设备、设施,乃至整个社会环境,都会受到民俗文化的影响。因此,民俗文化旅游资源对于一个民族或者地区的整体形象发挥着至关重要的作用。

第二节　民俗文化旅游资源的价值认识

民俗文化旅游资源是在一定时空条件下形成的,具有相对的区别性和神秘性,具备旅游资源形成的最根本条件——旅游吸引力,这种吸引力就使民俗文化旅游资源具备了相应的旅游价值。

一、差异性价值

人类各民族由于社会环境以及聚居的自然地理环境不同,就形成了不同种族、不同地域间的自然与人文差异。民俗文化的差异性,就形成了人文资源的差异性,进而形成了世界社会文化的差异性。文化的差异性产生了民族间与地域间的差异文化向往,也就产生了旅游动机。民俗文化旅游项目的开发正是利用了民俗文化与其他文化的差异性与独特性,以吸引四面八方的旅游者。

对于世界旅游业,各国各地区民族"文化之间的差异、文化遗产的价值及各种活生生的文化现象是吸引旅游者的主要因素"[①]。世界各民族民俗文化的差异性为民俗文化旅游提供了可能和基础。观赏和考察异地、异国的文化与政治、社会风貌和自然景色,欣赏独特的风景名胜、接触奇异风情、结交新朋友等,这些动机主要都是受到不同的、丰富多彩的民俗文化独特魅力的吸引。

二、唯一性价值

民俗文化具有唯一性,这使得每一个民族或地区的民俗文化

---

① 　周作明:《中国民俗旅游学新论》,北京:旅游教育出版社,2011年,第49页。

旅游资源也具有了独特的个性价值。民俗文化旅游资源的这一价值在开发过程中可以区分出不同的层面,有的层面带有世界民族的普遍性意义,有的层面则在国内、省内、市内的区域上显出不同的价值。研究和分析民俗文化旅游资源的独特唯一性价值,可以为科学合理地规划民俗文化旅游提供依据。同时,这种唯一性也是民俗文化旅游之所以吸引人参加的重要原因,因为在其他地方,旅游者无法感受到旅游地区所特有的民俗文化。例如,要想了解山西民居特点,就需要到山西去,在参观了乔家大院、王家大院等众多的民居之后才会感受到山西民居的独特魅力,这种旅游感受是其他地方所没有的。

三、神秘性价值

"一个国家、一个城市、一个民族最神秘的文化,就是潜藏于一个国家、一个城市、一个民族深处的民俗文化。"[①]在这个意义上,民俗文化具有封闭性,在封闭性条件下形成的民俗文化旅游资源具有神秘色彩,使其对旅游者产生了强烈的吸引力。比如,国外的旅游者要想更为深入地了解中国的民俗,揭开中国民俗的面纱,就需要到中国来亲自感受,要想了解中国少数民族的风情,如白族、苗族、布依族等,揭开中国少数民族民俗的面纱,就需要到中国少数民族聚集区去。

资源的价值在于能为人类多样需求所用。民俗作为一种文化资源,不同于自然物质资源,其价值在于文化应用价值。民俗文化旅游资源的价值是多元的,作为旅游产业的资源,就在于可以为旅游业所用,构建民俗旅游业。

---

① 周作明:《中国民俗旅游学新论》,北京:旅游教育出版社,2011年,第49页。

第三节 民俗文化旅游资源的调查与评估

要想开发、利用一个地区的民俗文化旅游资源,就必须要对民俗文化旅游资源进行调查与评估,只有在了解了有哪些民俗文化旅游资源,这些民俗文化旅游资源的情况是怎样的,才能制定出有针对性的开发计划。

一、民俗文化旅游资源的调查

民俗是一种具有历史与现代承递性的文化,它具有历史的区别、民族的区别和区域性的区别,因此要将民俗文化作为旅游资源进行开发,就必须对民俗文化旅游业发展地域内的民俗文化旅游资源进行调查。

民俗文化旅游资源调查可以分为"资源详查"和"资源概查"。资源详查是指采用普遍调查的方式,以求获得对开发区域所有民俗文化旅游资源全貌的认识。资源概查是指对特定区域或专门类型的民俗文化旅游资源进行的调查。但是人为设定的民俗文化旅游资源概查,往往会出现遗漏某民俗文化资源个体的情况,造成对民俗文化旅游资源认识的不全面。总之,要想认识一个区域民俗文化旅游资源的全貌,资源调查是必不可少的。

(一)调查的基本要求

民俗文化旅游资源调查需要按照《旅游资源分类、调查与评价》(GB/T1897—2003)标准规定的内容和方法进行。

第一,要求整个调查运作过程要具有客观性、科学性、准确性、系统性,做到内容简洁和量化。

第二,要求充分利用与民俗文化旅游资源有关的各种资料和研究成果,完成统计、填表和编写调查文件等工作。民俗文化旅游资源调查方法,包括访问、实地观察、测试、记录、绘图和摄影,必要时进行采样和室内分析。

(二)调查的程序

民俗文化旅游资源的调查要按照《旅游资源分类、调查与评价》(GB/T18972—2003)标准规定的旅游资源调查程序进行,具体包括调查准备、实地调查和填写"旅游资源单体调查表"等。

1.调查准备

(1)成立调查组。调查组成员应具备旅游环境、旅游资源、民俗学等相关的专业知识,一般应吸收旅游资源调查与开发、环境保护、民族学、民俗文化、民族艺术、历史文化、旅游景观设计、旅游管理等方面的专业人员参与。根据民俗文化旅游资源调查的任务和要求,组建调查组,人数一般以7~15人为宜。

(2)根据民俗文化旅游资源调查的要求,进行技术培训。

(3)准备实地调查所需要的设备,如定位仪器、测量仪器、影像设备等。

(4)撰写详细的调查提纲和准备《旅游资源单体调查表》。

(5)资料收集。资料收集包括三方面,首先,收集与民俗文化旅游资源单体及其环境有关的各类文字描述资料,如地方志、乡土教材、旅游区与旅游点介绍等。其次,收集与民俗文化旅游资源调查区有关的各类图形资料,重点收集反映旅游环境与旅游资源的专题地图。最后,收集与民俗文化旅游资源调查区和旅游资源单体有关的各种照片、影像资料。

(6)确定调查方案。调查方案主要包括确定调查区内的调查小区,选定调查对象、调查线路和调查时间。为了便于旅游资源的统计,可以将整个调查区分为若干调查小区。调查小区有两种划分方法:一是按现有或规划要建设的旅游区域进行划分;二是按行政区划分。此外,在调查中,如何选择重点调查对象有三个判断标准:一是具有旅游开发前景的旅游资源单体;二是集合型旅游资源单体中具有代表性的部分；三是能够代表调查区形象的旅游资源单体。调查线路一般要求贯穿调查区内所有调查小区和主要旅游资源单体所在的地点。调查时间以调查任务的具体要求确定,通常以 3~5 天为宜。

2.实地调查

民俗文化旅游资源实地调查可采用文献调查与实地勘察相结合的方式。文献调查是一种基础性的调查,可以获得对民俗文化旅游资源的总体认识。实地勘察是深入性的调查,要对实际的景物、场景进行具体的拍摄、测量等。

3.调查反馈

民俗文化旅游资源调查结束时,需要将调查成果向委托单位进行信息反馈。信息反馈一般以会议的形式进行。委托单位的有关领导和人员,以及调查人员出席会议。会议由委托单位主持。

会议分为调查单位报告和委托单位领导或有关人员咨询与提建议两个程序。调查单位对报告的内容进行分工,调查组长负责报告对所调查民俗文化资源的总体印象与初步评价,提出民俗文化旅游发展的策划思路。其他专家就民俗文化旅游的价值、旅游定位、旅游基础设施、旅游环境、旅游交通、旅游市场营销等进行分工报告。在与会人员的充分讨论下,形成民俗文化旅游发展的总认识,由单位进行下一步规划工作。

(三)调查方法的选择

民俗文化旅游资源调查的方法一般包括以下两个方面。

(1)确定调查对象的方法,如全面调查、重点调查、典型调查、抽样调查。全面调查是指对被调查对象的所有单位逐一进行的调查。重点调查是选择调查对象的全部单位中的重点部分进行的调查。典型调查是指在对被调查对象进行全面分析的基础上,选择具有代表性的部分单位进行的调查。抽样调查是指根据"科学原理和计划从要研究的全部个体单位中,按随机原则抽取部分个体单位进行调查,取得资料,并用以推算总体数量特征的一种方法"①。

(2)收集资料的方法,如问卷调查法、田野调查法等。

问卷调查法是指以问卷的形式进行调查的方法。问卷的问题类型多样,有直接提问、间接提问、假设提问等,回答方式有开放式回答、封闭式回答两种。问卷问题的编排应该先易后难,敏感性问题和开放性问题应放在问卷的后面。问卷的形式、长度、回答方式等要设计得生动活泼。

田野调查法就是指实地调查。田野调查法要求调查者具备一定的素养和社会工作组织能力,能根据调查提纲完成任务;有一定的民俗学知识,能辨析民俗事象;善于快速准确记录,能使用统计法、制表法、绘图法整理调查资料;能使用照相、录像、录音工具,较好地描述民俗;有耐心和坚韧不拔的毅力,能够始终保持饱满的工作热情;善于将搜集的资料及时整理、归类,及时发现问题,及时作补充调查。在对每一调查单体进行实地调查之后,需要填写一份"民俗旅游资源单体调查表"。

(四)调查的注意事项

民俗文化旅游资源调查不同于一般的自然旅游资源调查,它要深入到广大民众中去,进行民俗文化旅游资源调查时要注意以下几个事项。

1.入乡随俗

到乡村或者少数民族城市进行调查时,一定要入乡随俗。每一个地区或民族都有自己特殊的社交礼仪,如见面礼节、做客礼仪、餐饮礼仪等以及各种禁忌。因此,进行民俗文化旅游资源调查时,要了解和尊重当地习俗,遵守群众纪律,融洽群众关

① 周作明:《中国民俗旅游学新论》,北京:旅游教育出版社,2011年,第121页。

系等。

2.收集资料要新、准确和全面

在民俗文化旅游资源调查中,一是要着重收集在调查前没有了解过的新材料或新内容。二是要注重资料的准确性,要反复核实收集的材料。三是资料要全面,边调查边整理资料,发现有不足之处,应该及时补允。

3.广纳众言

民俗是一种具有深厚内涵的社会传承文化,资源调查者往往很难在较短的时间内就理解和把握民俗的文化形式与内涵,这就需要多向当地的学者专家进行学习,多问问当地的民众,多倾听和收集,以供民俗文化旅游规划时参考。

二、民俗文化旅游资源的评估

民俗文化旅游资源种类繁多,其价值也有高低之分。因此,对民俗文化旅游资源进行评估是规划建设民俗文化旅游地的前提。

(一)评估的定义

民俗文化旅游资源的评估是指在民俗文化旅游资源调查的基础上,根据一定的原则和方法,对民俗文化旅游资源进行分析、辨别,对其价值做出评论。

(二)评估的原则

民俗文化旅游资源的评估涉及面非常广,需要解决的问题多,而评估者的评价方式又各不相同,为了确保评估结论的客观公正,应当遵循以下几个原则。

1.实事求是原则

民俗文化旅游资源作为一种客观存在,在对其进行评估的过程中,必须从客观实际出发,实事求是地评价其特色、价值。坚持实事求是的原则,就是要求在评估过程中,"不从个人片面的感性认识出发,不从主观想象出发,不从一知半解出发,不从地方长官意志出发"①,而是全面、系统地分析民俗文化资源,得出符合客观实际的结论。

2. 前瞻性原则

人类社会是一个不断变化着的活动机体,客源市场会变,游客的旅游要求不断更新,而民俗文化也是不断发展前进的,因此,民俗文化旅游资源的开发也要不断进行,不断更新。这就要求民俗文化旅游资源的评估要能跟上市场与社会生活的变化,具有一定的预见性和前瞻性,不能囿于现状,要着眼于未来,预测其开发潜力。

3. 综合性原则

民俗文化旅游资源具有综合性的特点,涉及物质生产消费、社会生活、精神世界三大方面,内容包罗万象,能够满足不同层次、不同需求的旅游者的需求。民俗文化旅游资源评估应运用多种学科,如历史学、地理学、民俗学、民族学、美学、资源学等的理论与方法,多角度、多层次地进行研究。民俗文化旅游资源的评估只有本着综合、全面的原则,才能准确地反映旅游资源的价值。

4. 效益原则

民俗文化旅游资源开发的目的是取得经济效益、社会效益和文化效益,而评估是开发工作进行必须进行的前提。因此,民俗文化旅游资源的评估也必然会涉及效益问题。民俗文化旅游资源评估遵循效益原则,即要求在评估过程中尽量核算投资收益率,为开发提供参考。如果评估收益率过低或为负数,那么开发

---

① 巴兆祥:《中国民俗旅游》(新编第二版),福州:福建人民出版社,2013年,第276页。

就要慎重。

5.定性分析与定量分析相结合原则

一般来说,定性研究是指对有关事物的总体描述性研究,定量研究是指对有关事物的量化指标性研究。对民俗文化旅游资源进行研究既可以采取定性的研究方法,也可以采取定量的研究方法。但如果要更加准确地探索民俗文化旅游资源的本质,使民俗文化旅游资源评估更加慎重,最好将定性研究与定量研究结合起来,这不仅是评估工作不断深入的需要,也是民俗文化旅游研究进步的重要表现。

（三）评估的目标

1.确定民俗文化旅游资源的类型

民俗旅游资源开发的一个基本原则是多样性与专题性相结合。因此,民俗文化旅游资源开发的前提是必须具有这两种特性的旅游资源。为此,在开发民俗文化旅游资源之前,必须调查和分析民俗旅游资源,划分民俗的类型和民俗文化旅游资源的类型。

2.确定民俗文化旅游资源的范围

民俗是在漫长的历史中沉淀下来的,其中既有大量的优秀文化,但也存在着封建迷信等糟粕。因此,对民俗文化资源必须进行鉴别,去伪存真,把其中的精华开发成民俗文化旅游产品。

3.确定民俗文化旅游资源的总体特色

民俗文化具有民族性、传承性、历史性及变异性等特点。就特定的区域而言,民俗文化的这些特点在表现形式上有着明显差异,而民俗文化旅游资源评估,就是要从民俗文化的历史年代、影响范围、丰富程度等不同角度来确定民俗文化的观赏性、独特性、典型性。特色越明显,其旅游价值就越大,旅游开发的价值也就越大。

4. 确定民俗文化旅游资源的规模和级别

效益原则是旅游业的基本规则之一,它与旅游资源的规模、级别有密切关系。在民俗文化旅游资源评估中,要确定民俗文化旅游资源的规模和级别,关键在于对民俗文化资源进行系统分析,将其同本区域、国内,甚至世界上的同类资源进行比较。在比较中,确认本区域的民俗文化旅游资源的规模,在国内和国际上有什么特色,居于什么样的地位等。

5. 确定民俗文化旅游资源在当地整个旅游资源中的地位

旅游资源一般可分为三大类:自然旅游资源、历史文化旅游资源、民俗风情旅游资源。但具体到某一区域,这三种旅游资源的分布往往是不平衡的,因此民俗文化旅游资源评估的一个重要任务就是将民俗文化旅游资源同本区域内的自然旅游资源、历史文化旅游资源进行比较,确定其在整个旅游资源环境中的地位,以及与自然资源、历史文化资源的关系,以便于以后对民俗文化旅游资源与其他资源的组合开发。

6. 确定可能开发的民俗文化旅游项目及其潜在的经济价值

通过对民俗文化旅游资源的考察、分析,可以评判民俗文化旅游资源的潜在经济价值。在此基础上,将其中可能转化为民俗文化旅游资源的项目进行归纳,初步确定它们开发的顺序。

(四)评估体系

开发民俗文化旅游资源需要事先进行评估,而评估也得有一定的标准,具体如下。

1. 珍稀度

珍稀度是指民俗文化旅游资源在国内或世界范围内存在的

价值水平。在人类社会,各民族由于自然环境的差异,既有共性,也存在着个性。共性就是各民族都经历过的相同的历史阶段,但由于种种原因,有的民族发展较快,有的民族发展相对滞后。这就使有些民俗事象在某些民族还存在着,在另一些民族却很早就消失了。例如,刀耕火种原本是原始时期人类共同的农业生产习俗,但在汉族早就没有了,而在鄂西土家族还有遗存,称"烧火畲",这就显得非常珍贵。

2.古悠度

古悠度是指在一定地域范围内民俗文化旅游资源形成的历史年代情况。民俗文化旅游资源的年代越早,古悠度就越大,其旅游价值也就越大。

3.奇特度

奇特度是指民俗文化旅游资源由于地域条件、社会环境、历史传统的差异而形成的差别程度。旅游者出游的重要动机之一就是好奇、求新,也就是说,越是新奇的、别的地方缺乏的,越能吸引旅游者。距离越远,差异越大;差异越大,奇特度越高;奇特度越高,吸引力越大;吸引力越大,那么民俗文化旅游资源的开发性就越高。

4.密集度

密集度是指在同一地域范围内的不同民俗文化旅游资源,或者不同地域的民俗文化旅游资源的集中程度。在同一文化中,同类民俗文化不存在疏密问题,但不同种类的民俗文化旅游资源在规模上有差异;在不同的文化中,由于自然环境等原因,民俗文化旅游资源的密集程度明显。密集度中的"最"型资源,其开发的可行性比一般旅游资源要大得多。

5.愉悦度

旅游者往往希望通过旅游活动,暂时远离城市的喧嚣,消除身心的疲劳,从而获得愉悦感。能够使旅游者得到的愉悦感越多,旅游资源特色就越显著。而民俗文化旅游资源中包含着大量的娱乐内容,如汉族的赛龙舟、舞龙舞狮,壮族的对歌,黎族的打竿,苗族的跳芦笙等,这些都能使旅游者获得"目悦""心悦""神悦"。

6. 观赏度

观赏度是指民俗文化旅游资源的美感程度。旅游资源的美有多种形态,有自然美、艺术美、社会美,还有形式美、结构美等。民俗文化旅游资源,无论在形态特征、环境,还是色彩、工艺以及文化内涵方面,无不具有美的体现。可以说,具有观赏度是民俗文化旅游资源最基本的价值构成因素。

7. 完整度

完整度是指民俗文化旅游资源的保存完好程度。一方面,民俗文化一旦形成,便具有很强的稳定性,世代相传。但另一方面,随着时代和社会环境的变化,民俗文化也会随之发生改变。传承与变异就构成了民俗文化的对立统一体。

民俗文化旅游资源的完整度取决于其传承性,传承越久,完整度越高,反之,则低。保存的越是完整的民俗文化资源,其价值就越高,旅游价值也就越大。

8. 组合度

旅游资源开发可以是单一资源开发,也可以是多项资源组合开发。从效益上来说,多项资源组合开发比单项资源开发更具有规模效应。这里所提出的组合度不仅指各类民俗文化旅游资源之间的组合,也指民俗文化旅游资源与其他类型的旅游资源的组合。一般来说,凡是组合度最集中、最协调的民俗文化旅游资源,其市场吸引力往往也最大。

9. 饱和度

饱和度又叫旅游承载力或者旅游容量,指在一定时空范围

内,能够使旅游者最低旅游需求和旅游资源环境最低保护需求得
到实现的能力。民俗文化旅游资源的饱和度主要是指民俗文化
旅游资源地的容客程度,即允许多少旅游者进入为佳;要建多少
设施,才能满足旅游者的需求等。

10.可进度

可进度是影响民俗文化旅游资源开发的因素之一,其指标包
括气候条件的状况、交通是否便捷、距中心城市的远近等。可进
度良好,则民俗文化旅游资源的开发性加大,否则即使民俗文化
旅游资源的观赏价值高,也会降低对旅游者的吸引力。

(五)评估的意义

民俗文化旅游是依托民俗文化旅游资源而发展的,没有民俗
文化旅游资源,民俗文化旅游也就无从谈起。随着我国旅游业的
快速发展,民俗文化旅游的地位越来越重要。因此,对民俗文化
旅游资源的开发评估,也日益紧迫和必要。

民俗文化旅游资源的评估是科学、客观地认识民俗文化现状
和发展规律的重要途径。评估工作每取得一个进步,人们对民俗
文化旅游资源的认识就更进一步,从而也就能够推动民俗文化旅
游不断超前发展。

我国历史悠久,民俗文化丰富多样。要使资源优势转化成经
济优势,就需要经过一个民俗文化旅游资源的开发过程。然而我
国的民俗文化旅游的发展还处于初期阶段,对其开发、建设还存
着各种各样的问题。为此,人们都在不断探索使民俗文化旅游健
康发展的办法,加强对民俗文化旅游资源开发的论证、决策工作。
而民俗文化旅游资源开发要做出科学的论证、决策,就离不开对
民俗文化状况的调查、分析。因此,以鉴定民俗文化旅游资源的
价值为核心的评估工作,就成了促使民俗文化旅游健康发展的重
要基础条件。

评估是一个全面、科学的认识深化过程,也是一个实事求是

的过程。民俗旅游资源评估有助于民俗旅游规划,有助于民俗旅游资源的保护和利用,也为防止开发的片面性、主观性、盲目性,增强开发的科学性提供了重要依据。

第二章　民俗文化旅游的开发

伴随我国旅游业的快速发展,利用民俗文化的旅游价值,开发民俗文化旅游资源,设计民俗文化旅游线路,规划民俗文化旅游区,已经成为时代发展的需要,但我国民俗文化旅游的保护与开发处于初级阶段。民俗文化旅游的开发是一项综合活动,是一种经济技术行为,只有科学合理地开发利用和有效保护,才能实现经济效益、社会效益和生态效益的协调发展。鉴于此,本章将对民俗文化旅游开发的基本理论、民俗文化旅游开发的模式探索、民俗文化旅游开发的问题及对策、不同类型民俗文化旅游开发进行分析,为我国民俗文化旅游的开发提供客观的理论依据,以避免或减少走弯路。

第一节　旅游开发的基本理论

旅游开发是指人们为了发掘、改善和提高旅游资源的吸引力而致力从事的开拓和建设活动。民俗文化旅游的开发是旅游开发的一项重要内容,使我国富饶的民俗文化旅游资源发挥了应有的旅游效用,并最终促进了国民经济的发展和人民的物质文化、精神文化需求的增长,意义十分重大。鉴于此,本节主要对民俗文化旅游开发的基本理论进行分析。

一、民俗文化旅游开发的含义

民俗文化旅游开发是指"根据社会经济文化发展趋势的要

求,在旅游规划的基础上,为了完善旅游系统的结构功能,使潜在的民俗文化旅游资源变为现实的旅游资源,从而进一步地发挥和提高民俗文化旅游资源的吸引力与竞争力所进行的一系列总体规划部署和建设活动等诸行为的总和"①。在我国旅游开发的历史进程中,开发较早的是自然旅游资源和历史文化旅游资源,它们使我国旅游基础工作的主体受到广泛的重视,而民俗文化旅游的开发则相对滞后,但也取得了一定的发展,主要表现在:民俗文化旅游开发的规模从小到大,内容由单一向多样化、复合型发展,形式上从单纯观光向参与、体验发展,层次上从初级水平向专业化水平发展,旅游者从以境外为主到国内外旅游者并重发展。

二、民俗文化旅游开发的内容

民俗文化旅游开发的内容丰富而广泛,但民俗文化旅游开发属专项旅游开发,因此,在开发的内容上,既要全面又要专精。具体而言,民俗文化旅游开发的内容主要包括以下几方面。

(一)民俗文化旅游景观的开发

民俗文化旅游景观的开发是民俗文化旅游开发的中心工作,是旅游地形成接待力的基础。由于民俗文化旅游资源多种多样,各地的开发条件、开发规模等不尽相同,民俗文化旅游景观开发的方式也呈现出显著的差异。按民俗文化的内容来分,民俗文化旅游景观的开发有多种途径,常见的有:民居景观开发、节日庆典开发、民俗商品景观开发、饮食文化景观开发、服饰景观开发、信仰景观开发、交通景观开发等。

(二)民俗文化旅游地的旅游基础设施开发

民俗文化旅游地的旅游基础设施开发具体体现为民俗文化

---

① 余永霞,陈道山:《中国民俗文化旅游》,武汉:华中科技大学出版社,2014年,第328页。

旅游的交通开发,包括交通工具、游览线路等。现代旅游强调旅游交通要安全、快捷、灵活、舒适,根据这些要求,民俗文化旅游地的交通一定要做到"进得来、出得去、散得开"。实际上,影响民俗文化旅游地的旅游基础设施的因素有很多,主要包括以下几方面。

第一,客源地到民俗文化旅游地的时空距离与交通状况。

第二,客源市场的流向、数量。

第三,民俗文化旅游地内的道路交通状况。

第四,运输工具的数量和环境承载力。

在进行旅游基础设施开发时,我们需要认真分析这些因素。目前,我国的民俗文化旅游开发主要分布在一些自然条件差、交通设施落后的少数民族地区,提高旅游基础设施不是一件容易的事,需要引起高度重视。

(三)民俗文化旅游地的旅游服务设施开发

旅游服务设施是指旅游者在民俗文化旅游地游赏期间必须使用的设施,如交通工具停靠站场、旅游饮食服务设施、旅游商店、旅游饭店、宾馆等等。具体而言,旅游服务设施的开发可以从以下几方面入手。

第一,旅游服务设施的规模要经过科学论证,保证与中长期的旅游需求相适应。

第二,旅游服务设施的风格应做到与民俗文化旅游地的自然、文化环境协调一致。

第三,旅游服务设施要融入当地的民俗文化,从而满足旅游者的求知等心理需要。

(四)民俗文化旅游地的人力资源开发

要想让民俗文化旅游景观、旅游基础设施发挥效用,形成接待能力,必须借助于人的劳力、人的力量。可以说,人力资源是民俗文化旅游地的最宝贵的资源之一,其开发的范围十分广泛,不仅包括导游人员、其他方面的服务人员,还包括普通民众,这主要是由民俗文化旅游及民俗文化旅游资源的特点决定的。也就是说，人力资源开发的对象几乎涵盖了民俗文化旅游地的所有人员。以河北省丰宁坝上草原旅游业的发展为例，由于丰宁坝上最适宜的游览景点在丰宁满族自治县所辖的大滩镇，这个乡镇级别的旅游区缺乏足够的旅店、饭店等基本设施以应对大量的游客，因而游客们到该处游玩时往往会吃住在当地的村民家中，同时付给村民一定的费用，游客们如果想进行骑马游玩的活动，也是骑乘由当地村民提供的自己所喂养的马。由此我们可以看出，丰宁坝上草原旅游业的发展在很大程度上利用了当地的人力资源。人力资源开发的内容、形式可以多种多样，一般有讲座、培训班等形式，其目的是提高民俗文化旅游有关人员的文化素养、专业技能、敬业精神。游客在丰宁坝上村民家借住时，还可以参加篝火晚会、吃烤羊腿以及卡拉 OK 等娱乐活动，这些充分体现了民俗旅游的特色。但是，由于本地村民并没有经过专业的培训，因而在食品卫生方面可能做得不够，其他许多方面的服务水平也有待进一步提高，这些问题很容易影响游客的旅游体验，不利于本地民俗文化旅游的发展。这些都表明了充分开发民俗文化旅游地的人力资源的重要性。

（五）民俗文化旅游图书资料的开发

民俗文化是一种生活文化，体现在旅游景观上可以观看，体现在文字上可以阅读。对于旅游者而言，了解、领略民俗文化旅游地民俗风情、文化的主要途径是到该地去观赏民俗，如果再加上阅读民俗文化旅游地的图书资料，更可以帮助他们理解民俗文化的意蕴，提高旅游的兴趣，丰富旅游生活。目前，很多民俗文化旅游地都比较重视民俗文化旅游图书资料的开发，并且出版了一系列相关的书。

三、民俗文化旅游开发的特点

作为旅游开发的形式之一，民俗文化旅游开发在借鉴其他旅游开发形式的经验基础之上，也兼有自身的特点，这主要表现在以下几方面。

（一）坚持"协调性"

民俗文化旅游开发从纵向上看，属于区域发展光环中的旅游业开发规划的一部分；从横向上看，和与其并列的交通、水利、电力、农业等规划联系密切，因而民俗文化旅游开发与其他各产业的发展具有协调发展的特点。

（二）坚持"原则性"

民俗文化旅游开发包含两个层面的内容：第一，遵行民俗文化旅游开发的保护性、参与性、特色性等基本原则；第二，民俗文化旅游资源的开发者要深入实际，理解并尊重资源区民俗风情的本土特色。

（三）坚持"文化性"

民俗文化旅游开发在给旅游地带来经济效益的同时，也给旅游地提供了一个很好的展示当地文化的机会。可以说，民俗文化旅游开发不是盲目地开发，而是一项了不起的文化工程，要上升到宣传民俗文化的高度，把文明、优秀的民俗文化介绍给来自世界各地的旅游者，让旅游者感悟中华民俗文化的意蕴。另外，民俗文化旅游开发不仅可以弘扬各具优势的民俗文化，而且可以对一些濒临消失的珍贵民俗文化传统起到很好的保护作用。

（四）不受地域限制

不少旅游资源，在开发中会受到地域的不同程度的限制，如自然类旅游资源，只能在资源地开发，不可能移动。而由于民俗文化具有传播性和动态性，民俗文化旅游资源开发不仅可以就地开发，还可以突破地缘制约，大量重复开发和仿制开发，如台湾南投的"九族文化村"等。

（五）大众参与性

民间大众是民俗文化的创造者、承载者、表演者和接受者，民俗文化旅游资源的开发，实质上就是将这些民众所掌握的并由民众言行所表现的民俗文化旅游资源转变成为民俗文化旅游项目和产品。而民俗文化的承载体——民众的积极参与，在民俗文化旅游资源的开发中起着决定性作用。例如，"土家婚礼"由哭嫁、过礼、戴花酒、开脸、背新娘、迎亲、拜堂、坐床等一系列婚礼仪式过程组成，主角是新娘、新郎，配角众多，包括双方父母亲戚、全寨左邻右舍等。旅游者可以通过参与其中对"土家婚礼"有更多的了解。但是需要注意的是，这类民俗文化旅游项目要能够调动当地民众参与的积极性，如果当地民众不配合、投入不够，就会影响游客旅游活动中的体验，甚至导致项目失败。因此，民俗文化旅游资源开发必须由专业人员与当地民众共同参与才能完成。

四、民俗文化旅游开发的原则

针对我国民俗文化旅游资源的开发现状，进行民俗文化旅游开发时应当遵循以下基本原则，以最大限度地获取民俗文化旅游资源的价值。

（一）因地制宜原则

我国地域辽阔、民族众多、物产丰富，各地、各族的民俗旅游资源存在着很大的差异。开发民俗文化旅游资源必须着眼于当地客观实际，因地制宜，就地取材，重发掘、轻仿制。只有这样，我国民俗旅游景观的布局和配置才够科学、合理，各地的民俗文化旅游才能有特色。

（二）创新原则

民俗文化旅游要想取得实质性的进展，还必须在不断开发旅游资源的基础上与时俱进、力求创新。创新原则运用到民俗文化旅游开发中主要表现在以下几个方面。

1.方式创新

民俗文化旅游资源不仅种类多、数量大,而且各具特色。这种优势使各地民俗文化旅游的开发可以采用、创新多种方式,这主要表现在旅游资源的开发、旅游路线的设计、旅游内容的安排方式上。例如,在旅游开发投资方面,可以采取国家、集体、个人单独或共同投资开发的方式,尽可能使得民俗文化旅游资源转化为经济资源。

2.思维创新

思维创新是一切创新的前提,民俗文化旅游业的发展必须从思想上打破常规,敢于探索,大胆创新。

首先,把民俗文化旅游开发的目光转移到旅游淡季,设计一些新颖、独特的旅游项目,并且通过多种渠道进行宣传,吸引旅游者前来旅游。

其次,要树立整体思维以及民俗文化旅游动态开发的思路,多设计一些动态民俗文化旅游项目,提高旅游者全面参与的可能性与必要性。要开发物质类、非物质类民俗文化旅游资源,还要开发有形类、无形类民俗文化旅游资源,也要开发具体的、抽样的民俗文化旅游资源等等。例如,可以在一些景点设计规划"美食一条街",使旅游者游览之余最大限度地品尝当地独特的风味小吃,从而增添旅游的体验,获得美好的精神享受。

3.科技创新

很多人认为民俗文化旅游包含极少的高科技内容,但科技创新仍应是民俗文化旅游开发的应有之义。一方面,民俗文化旅游资源本身含有一定的科技成分,对之进行挖掘能够使旅游者了解我国古代人民的科技智慧,帮助人们借鉴、吸收和传承中国古代科技。另一方面,可以运用现代科技手段对我国古代的民俗事象进行表现或再现,从而帮助旅游者了解和理解古代民俗文化的内涵,促进民俗文化旅游的发展。

(三)旅游者中心原则

由于民俗文化旅游的主体为旅游者,因此,民俗文化旅游资源开发应当以旅游者为中心,开发适销对路的民俗文化旅游景观与产品。根据现代旅游心理学的研究,旅游者最基本的旅游心理是"求似""求异""求古""求体验"等。我们在开发时应当充分利用旅游者的这些心理,开发特定的资源,增加民俗文化旅游景观与产品的魅力,增强旅游者对于旅游地的喜爱之情。

旅游心理学认为,"求似"心理是指两种知觉对象假如相似,容易被人们接受。旅游者到目的地旅游,看到似曾相识的民俗事象,就会产生一种亲切感。尤其是海外华人,往往会由此激发起强烈的民族感、归属感、乡土感。对于这类旅游者,开发的民俗事象应当尽量与他们脑中的固有民俗相近,以充分满足他们"寻根求源"的欲望。

关于"求异"心理,旅游活动的本质就是一种"求异"的欣赏活动。旅游者往往具有较为强烈的猎奇、求新心理,因而民俗文化旅游资源开发要多在新、异方面下工夫,开发出满足诱发旅游者"求异"心理的民俗事象。需要注意的是,在民俗文化旅游资源开发时,一定不能搞伪民俗,更不能违反民族政策。

"求古"是旅游者的另一种心理需求。在现代文化氛围中成长的人们,对历史都有一种怀念心理,甚至对越古老的东西越喜爱。因此,民俗文化旅游资源开发应尽量保持原貌,体现历史特色。

"求体验"心理,"体验"是指参与各种活动获得的一种心理满足。随着现代旅游的发展,旅游者不再满足于"走马观花",渴望亲自参与到旅游项目活动中去,体验置身其中的乐趣。民俗文化旅游最大的优势就是旅游者能亲自参与体验民俗活动,从而感受其浓郁的民俗风情、独特的乡土文化。所以,在开发民俗文化旅游时,应以旅游者的"体验"要求为导向,注重项目的可参与性,应多开发一些能让旅游者亲自参与体验的民俗项目。例如,浙江富阳的"农家乐"就是遵循旅游者中心原则开发的成功范例,让来到此地的旅游者都能领悟中国民俗的文化内涵和特有韵味。

(四)特色性原则

特色是民俗文化旅游地的生命所在,只有具有鲜明的特色,才能对旅游者产生强烈的感染力。在民俗旅游开发过程中要树立独特性意识,最大可能地突出本地区、本民族的旅游资源特色,开发出独具个性的民俗文化旅游项目。这种独特个性包括以下三方面内容。

1.民族特色

我国民族众多,分布地域广,每一个民族都有自己的特色民俗。就节日民俗而言,汉族的传统节日有春节、元宵节、清明节、重阳节,傣族的重大节日有泼水节、关门节和开门节,东乡族、回族有开斋节、古尔邦节、圣纪节,苗族的传统节日有苗年、四月八、龙舟节、吃新节、赶秋节、花山节、晾桥节,锡伯族的传统节日有抹黑节和西迁节,等等。据统计,我国约有 500 个汉族节日,1 200多个少数民族民间节日,节日数量如此之多,举世罕见。这正是我国民俗文化在世界享有盛誉,发展民俗文化旅游的优势所在。在开发民俗文化旅游资源时,只有坚持民族特色、突出民族个性,才能在激烈的市场竞争中占据一席之地。

2.地方特色

我国幅员辽阔,各地不同的地理环境、经济背景孕育着不同的风俗习惯,呈现出明显的民俗区域性差异。比如地方戏剧,由于各地文化不同、方言各异,我国地方戏剧种类繁多,上海浦东有沪剧、北京有京剧、湖南有花鼓戏、安徽有徽剧、贵州有黔剧、山东有吕剧、台湾有歌仔戏……它们的风格大不相同。民俗的区域差异构成了民俗的地方特色,开发中抓住了这种特征,也就能够将地方优势最大限度地发挥出来。

3.历史特色

作为世界四大文明古国之一,我国有着悠久的历史、灿烂的文化。民俗是历史、文化的积淀,体现文化传统,具有传统性和古朴性特点,民俗在不同的时代也呈现出自己的特点。所以,开发民俗文化旅游资源还要"突出民俗历史特色",尽可能地保持民俗的历史原貌,挖掘历史上的民俗,丰富民俗景观,从而做到"人无我有,人有我优",开发出独具个性的民俗旅游产品。比如,大量海外旅游者到中国游玩,就是为了观览反映中国历史文化特色的四合院等。

总之,民俗文化旅游的开发应遵循特色性原则,这一原则是民俗文化旅游活动永葆生命力的灵魂。

(五)文化原则

人类生存的文化环境是各群体以自己的方式创造的,它从一开始就受到文化习俗的再塑和重塑,同时,这也促使人类旅游与文化在深度和广度上进一步结合,从而使得现代旅游产业中的文化意识具有更深刻、全面的意义,因此,旅游开发者和经营者必须要把旅游产业当作是一项文化性很强的事业进行经营。

随着旅游业的深度开发,以文化旅游为内涵的旅游活动逐渐超越以观光为特点的旅游活动。近年来我国许多旅游区(点)和企业,都在不断地向旅游活动注入文化内涵,取得了意想不到的良好效果。而民俗文化旅游本身就是一种文化旅游,其魅力在于民俗文化旅游景观或产品所体现的深厚的文化内涵和独特韵味。因此,开发民俗旅游资源必须遵循文化原则。开发者既要充分认识到民俗文化与民俗文化旅游的重要性,有较强的文化意识,较全面的了解民俗文化,还要积极丰富民俗文化旅游项目的文化意蕴;同时还要创造民俗旅游资源的文化氛围,让旅游者在各种旅游活动中享受文化。此外,民俗文化旅游项目的开发还要把民俗文化的精华完整地表现出来,使其"神"与"形"合一。

当前,有些地方无视民俗文化旅游开发的文化原则,盲目开发、建设民俗文化旅游地,这破坏了民俗文化旅游资源,使得民俗文化旅游项目的文化品位低下。这种现象如果不及时加以纠正,将会影响整个民俗文化旅游开发工作的健康、持续发展。

(六)多样性与专题性相结合原则

多样性和专题性既对立又统一,多样性能衬托专题性,专题性也能使多样性同时具有广度和深度。

民俗文化旅游资源开发的多样性,源于大众旅游时代旅游者的成分和需求复杂多样。现代旅游者,即旅游活动的积极参加者的成分复杂,由于他们的职业、年龄、文化素质等方面的不同,旅游者对民俗文化旅游项目的需求必定纷繁、多样,有的喜爱歌舞,有的爱好饮食。即使同一类的旅游者,也会因个人喜好不同,以致对旅游项目的需求不尽相同。例如,知识类的旅游者,好热闹者就会对歌舞、游戏活动感兴趣,喜欢音乐者就会倾心于民间音乐、戏剧。即使是同一位旅游者,在不同的时间段里,他往往也会选择不同的民俗文化旅游产品。因此,民俗文化旅游资源的开发应针对旅游者需求的多样性,走多样化而非单一化的开发道路。这里的多样性一方面包括民俗产品的丰富化、多样化,另一方面还包括民俗产品与其他自然、历史文化景观的多形式组合。

专题性是指为满足旅游者的某一方面需求,或某类旅游者的需求而实施的专项旅游开发。其最大优点为:主题与独特性鲜明,容易给旅游者留下较深刻的印象。因而,专题性民俗文化旅游的游览价值较大,容易引起旅游者的共鸣,有利于争取更多的回头客。

(七)保护与开发相结合原则

开发,"就是民俗文化旅游资源的产品化,它的根本目的是为民俗文化旅游服务,为当地发展经济、改善人民生活服务,为民俗的继承与发展服务"①。但开发的另一面又存在着不加珍惜、无妥善保护的现象。例如,在外来文化的冲击下,以母系大家庭和阿夏婚姻为特征的泸沽湖畔摩梭风情文化,正逐步消失。因此,抢救和保护民俗文化旅游资源的任务势在必行。

保护,"就是对民俗文化旅游资源进行维护、修缮、抢救,防止被同化或消亡。它既指对民俗旅游资源的保护,还有对民俗生存空间的保护。"②。世界上许多国家都把保护旅游资源及其生存环境看作旅游发达兴旺的生命线。所以,在开发民俗文化旅游资源时,必须以保护为前提,把保护工作贯彻始终。没有保护的开发是掠夺性、破坏性的开发,要做到开发与保护相结合,使开发与保护并重。但是,保护是绝对的,开发是相对的,要做到二者相结合很不容易,至少需要做好以下两方面工作。

第一,可以通过广泛宣传其必要性,使开发与保护并重成为开发者的自觉行为。

第二,发挥规划作用,将开发所带来的负面效应降低到最小。

总之,在民俗文化旅游开发时,一定要立足当前,又高瞻远瞩、兼顾长远,把保护、开发有机地统一起来。尤其在经济发展相对滞后的民族地区,在民俗文化旅游资源开发时,一定要树立科学的开发观,防止盲目的、破坏性的开发。

(八)经济效益、社会效益、文化效益相结合原则

获取经济效益是民俗文化旅游资源开发的重要目的,但不能因此而忽略对于社会效益、文化效益的追求。我国要求从可持续发展的角度来看待民俗文化旅游资源的开发问题,把经济效益、社会效益、文化效益协调结合起来,使之协调统一。坚决禁止一切破坏民俗文化环境、损害社会公共利益的开发行为。

---

① 陆慧:《中国民俗旅游》,北京:科学出版社,2014年,第242页。
② 同上。

五、民俗文化旅游开发的程序

民俗文化旅游开发是一项复杂的、艰巨的系统工程,涉及面广、工作量大、质量要求高,因此,必须有一定的步骤和程序。单就民俗文化旅游开发的具体内容而言,其开发程序大体上有下三个步骤(图 2-1)。

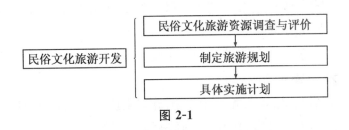

图 2-1

(一)民俗文化旅游资源的调查与评价

全面调查和准确地分析、评价民俗文化旅游资源,了解旅游资源所在区域的资源类型、数量、分布、规模及开发利用现状,以及交通等基础设施和住宿等与旅游相关的配套服务设施现状,从而较为全面地分析、掌握区域旅游资源的优劣势、区域环境和开发条件,是旅游资源开发的前提。

(二)制定旅游规划

通过调查、评价民俗文化旅游资源,做出开发可行性论证后,就要着手确定该区域旅游开发的总体规划。具体而言,总体规划包括以下几个方面。

第一,民俗文化旅游开发规划的指导思想与基本原则。

第二,民俗文化旅游资源及有关因子的总体评价。

第三,民俗文化旅游开发的规划范围及功能区的划分,规划建设的分期计划,近期建设项目的实施方案。

第四,环境容量分析与预测,环境保护的措施。

第五,近期开发的项目和投资预算,资金筹措方法与管理。

通过科学、合理的规划,有助于确定民俗文化旅游开发的地点、时间、类型、数量,同时,还能使旅游地受益。

(三)具体实施计划

民俗文化旅游资源开发设计的总体方案制定并通过评审之后,民俗文化旅游资源的开发进入实质性阶段。在这一阶段中,关键在于制定好实施开发的具体计划,并严格予以执行。具体内容包括以下几方面。

第一,根据已有资料,确定开发范围和目标,提出项目的模式、土地使用要求等。

第二,做好资金来源及财务预算,制定建筑总体规划。

第三,进行项目具体设计,画出施工图纸。

第四,投标及施工。

第二节　民俗文化旅游开发的模式探索

我国的民俗文化旅游目前正处于蓬勃发展之中,民俗文化旅游的开发也成为社会关注的热点。由于民俗文化旅游资源富有鲜明的民族特色和地方特色,其也成了民俗文化旅游开发的重点对象。目前,学术界比较认同的民俗文化旅游资源开发模式主要有以下几种。

一、本原式

民俗文化旅游资源开发的本原式,要求绝对完整地、真实地展示民俗的风貌,是最常见的、最能激发旅游者兴致的模式。按其内容又有以下两种情形。

(一)天然民俗(民族)村寨

天然民俗(民族)村寨属于一种原地保护型的民俗文化旅游资源开发。世界上最早的露天博物馆由瑞典语言学家、历史学家哈契利乌斯创建于 1891 年,而我国天然民俗(民族)村寨的开发则始于 20 世纪 80 年代。在进行天然民俗(民族)村寨的开发时,要注意把握适度性,布局要合理。

我国是一个多民族国家,有许多天然的民俗(民族)村寨,但这些村寨并不都具有开发价值,应注意以下几方面。

(1)村寨的旅游内容主要是村落的自然形态,村民的自然生产、生活。也就是说,以原生态的生产、饮食、游艺等,展现民俗(民族)村人民的现实生产、生活与环境。

(2)村寨的旅游内容要丰富多样、具有一定的规模,同时应与其他景点构成一条旅游线或旅游区。

(3)村寨的位置应距离交通线和县城、中心城镇一定的距离,以车程 1 天以内为宜。同时,该村寨附近的交通需要有改善的前提和条件。

(4)村寨的管理应科学、合理,切忌放任自流或者管理太死。目前具有可行性和操作性的村寨管理方式是在旅游管理部门的指导下,成立以村书记、村长为核心的旅游管理小组,负责处理各种各样的问题。

(5)村寨的民俗事象要集中,尤其在建筑、服饰上,要具有非常强烈的外显性、典型性,只要旅游者一接触到民族特色、区域特色突出的建筑、服饰,就会不由自主地想到村寨一睹为快,亲自体验村寨的神奇魅力。

(6)民俗的主要载体是人。为了让旅游者真正感受到村寨的民俗文化氛围,村寨应让旅游者与村民自由交流,甚至共同吃、住、玩,参与劳作。

(二)原生民俗开发

原生民俗开发是为满足旅游活动的需要,让旅游者有真实感,领略到民俗文化旅游的独特性,特开发的原生民俗旅游项目。具体而言,这种民俗文化旅游开发的模式具有以下几个特点。

1.品位高

原生民俗开发的内容最原始、自然、朴实,也最容易让人印象深刻,感到新奇。这样的旅游项目可以让旅游者在尽享旅游景观的同时,深深陶醉于中国博大精深的民俗文化。

2.种类多样,方式灵活

原生民俗开发有较大的灵活度,它不仅能够以原村寨的民俗为开发基础,也能够以其他地方的民俗为开发素材,也就是说,任何具有旅游价值的民俗均应在开发之列。

3.适应面广

首先,在非民俗原生地,可以将原生地的民俗旅游项目移过来做暂时的、短期的表演。其次,在民俗的原生地不仅可以作为名胜古迹旅游、自然风光旅游的补充,而且可以开发供民俗文化旅游专用。

二、主题公园式

"主题公园,又称微缩园或人造景观,是指充分利用现代科学技术将自然、人文遗产和文化以及各种可能溶入的景物融会在一起,以突出某一个或多个主题的人造景观"[1]。民俗文化村属于主题公园的范畴,"它是指在旅游点兴建的,把某一时期或某一民族、某一区域的民俗文化,依照一定的方式和风格加以集中反映的人造旅游景观"[2],这是一种新兴的民俗文化旅游资源开发模式。

---

① 陆慧:《中国民俗旅游》,北京:科学出版社,2014年,第247页。
② 同上。

20世纪80年代末90年代初,中国内地开始兴建民俗文化村,较早起步的是广西桂林的"漓江民俗风情园",深圳的"锦绣中华""中国民俗文化村",吸引了海内外众多旅游者前来参观、游览。以后,内地的民俗文化村建设风起云涌,其中有许多成功的经验和失败的教训值得总结。目前,民俗文化村在我国还是个新生事物,从理论上看,有以下两种建设类型。

(一)传承民俗浓缩型

传承民俗浓缩型民俗文化村指按照一定的比例尺度建设某一地域或某一民族的独特村寨和民居,把该地或该族的生产生活、音乐舞蹈等典型民俗汇入一村,向旅游者集中展示民俗文化,帮助旅游者尽快领略其民俗精华。例如,北京的"中华民族园"、上海的"中华民族大观园"等都属此类。

(二)民俗资源恢复型

民俗资源恢复型民俗文化村指通过考古报告、文献资料和器物的搜集、整理,挖掘、恢复、再现埋没与失传的古代民俗旅游资源,让旅游者了解这些历史民俗。如广东连南县三排苗寨、湖南湘西吉首德夯民俗村等都属此类。

总之,不管是传承民俗浓缩型民俗文化村,还是民俗资源恢复型民俗文化村,都各有各的长处、优点,各地在建设民俗文化村时应根据实际情况因地制宜。

三、资源凝聚式

博物馆是征集、典藏、陈列和研究代表自然和人类文化遗产的实物的收藏、宣传教育和科学研究机构。旅游学认为,博物馆收藏的文物是历史的见证,反映了一个国家或地区的文化创造。其中,民俗文物是构成博物馆人文旅游景观的一个重要内容,由此产生了一种新型的民俗文化旅游资源开发模式——民俗博物馆,如北京民俗博物馆是北京市唯一一座国办民俗类专题博物馆,馆内常年举办老北京民俗风物系列展。深圳客家民俗博物馆,是全国占地面积最大的客家民居建筑,该博物馆是深圳本土民俗的最集中展示,具有重要的历史、科学与艺术价值。

民俗博物馆不同于民俗文化村,主要表现在:民俗博物馆采用凝聚方式,主要按固态形式展示;民俗文化村采取缩微方式,以活态形式表现。不过,民俗博物馆和民俗文化村二者可以互为补充,相辅相成,共同服务于民俗旅游。民俗博物馆按照内容来区别,可以分为以下两种类型。

(一)专题性民俗博物馆

专题性民俗博物馆是以民俗的某一专门内容为收藏、展览对象的博物馆,它所搜集、展示的藏品可以是全国范围的、区域范围内的或某一民族的。民居、戏剧、工艺美术、手工业、婚姻等,都能够形成专题性博物馆的民俗事象。国内该类博物馆有安顺文庙蜡染博物馆、台江民族刺绣博物馆、平坝天台山民族戏剧博物馆、安徽潜口民居博物馆、河南安阳民间艺术博物馆、山东潍坊风筝博物馆、贵州酒文化博物馆等。其中,建于1987年的山东潍坊风筝博物馆是我国第一座大型风筝博物馆,设计风格在国内独树一帜,盛名在外。展厅里,汇集了1 000余只来自世界各地造型优美、绘制精细、构思大方、飞行性好的风筝精品,具有较高的研究价值和欣赏价值。

(二)综合性民俗博物馆

综合性民俗博物馆以民俗文物的"广博性"为特色,所收藏、陈列的民俗文物,门类众多,涉及广泛。国内有很多这种类型的博物馆,如湖南永顺土家族民俗博物馆、辽宁沈阳三农博览园、吉林延边朝鲜族民俗博物馆、山西祁县乔家堡民俗博物馆、山西汾县丁村民俗博物馆等。

需要注意的是,民俗博物馆的选址相当关键。通常情况下,民俗博物馆应建在规划区域内或者临近现有的旅游线上,而且这一地区必须有着丰富的、特色明显的民俗旅游资源。此外,博物馆建筑要具有地方特色和民族特色,与周围环境相协调。藏品的陈列主要是实物,可以配置一些文字、照片等。陈列设计要做到复原与展览相结合、思想性与艺术性相结合、共性与个性相结合、知识性与趣味性相结合、学术性与观赏性相结合。

四、节会式

节会是一个地区或民族民俗文化的集中展现,旅游者参与其中,不仅能在短时间内了解异域文化,而且还能够娱乐身心,获得情感的共鸣。当前,我国民俗旅游资源开发的主要发展方向就是利用节会模式,开发民俗文化旅游的定时定点产品。民俗文化旅游开发的节会模式主要有以下两种类型。

(一)节庆开发

节庆是某一区域或民族的人民出于某种需要,或者为庆祝农业丰产、祭祀祖先而举行的纪念性的庆典活动。节庆具有非常强的娱乐性,场面通常比较壮观,节目热闹非凡。开发节庆为旅游服务,首先应当选择传统节日。

中华传统节日历史悠久,根底深厚,数目繁多,且具有强烈的地方特色、鲜明的民族特征、浓郁的民俗风情。开发传统节日,从宏观上说应把重点放在神秘原始、淳朴自然、节日众多的少数民族聚居区,率先开发这些地区最能发挥其资源优势,建设成民俗文化旅游地,吸引众多旅游者前来参观游览。从微观上看,要有重点地加以开发,如维吾尔族的"开斋节"、朝鲜族的"老人节"、侗族的"花炮节"、锡伯族的"抹黑节"等,同时要特别重视与其他旅游景观、旅游线路的组合,尽量使得旅游者能够在旅游地花费更多的时间,满足他们的旅游心理。

节日活动的安排通常以传统内容为主,适当增加新节目。在节日中,民俗活动的气氛应有一个由温到热的过程,逐步把旅客真实的观赏、参与体验推向高潮。同时,还要注意提高节日的娱乐性、艺术性、思想性。以晋中社火节为例,社火活动是广泛存在于中国民间的一种庆祝春节传统民间艺术形式。晋中社火,则是中国社火文化的典型代表,有七大类200余种,如背棍、铁棍、掘棍、高跷、舞龙、舞狮、旱船花灯、龙灯、秧歌、锣鼓八音、小花戏、霸王鞭等,以特色鲜明,种类繁多,保存完整蜚声国内外。2007年,山西晋中市被中国民协授予"中国社火之乡"的称号。晋中社火节每年于农历腊月初八至来年正月二十八,历时一个月,活动遍及晋中城区和各县(区、市)、各旅游景区、景点,主题活动有大型车展、十台大戏闹新春、精品社火街头展演、架火焰火晚会、彩车游行等。整个社火节期间,形式多样的社火活动轮番上演,异彩纷呈,群众参与度广,形成"百万群众闹社火,晋中大地尽欢歌"的热闹场景,充分体现了中国传统民俗文化的魅力,对于国内外民众有着很强的吸引力,吸引着大量的来自各地的游客前来游览参观。

在民俗文化旅游开发中,利用节日形式,注入现代生活内容,举办各种文化节、旅游节、艺术节已成为时代发展的潮流,例如,上海"大世界"民族文化节、上海国际茶文化节、浙江杭州西湖酒文化节、湖北荆州楚文化节、内蒙古草原旅游节、北京中国民间艺术节、河北吴桥国际杂技艺术节、中华民俗风情百乐艺术节、大连国际服装节、江西樟树药材节、湖南岳阳龙舟节等,都取得了相当不错的经济和社会效益。

另外,还有一些"衍生性民俗节日"或"准民俗节日",如拉萨民族风情节、延边朝鲜族民俗节、苏州同里旅游文化节、贵州苗族姐妹节等,虽然糅合了现代生活气息,但在形式和内容上仍然承袭了民俗文化传统,也可以看作是民俗文化旅游资源的开发与利用的成果。

(二)集会开发

集会包含庙会和市集两层意思,庙会主要依托宗教场所、宗教活动,市集则主要依靠镇市进行活动,二者都具有十分明确的举行日期、地点,活动方式多样。

1. 庙会

庙会,又称"赶山""赶会""逛庙会",原为祭奠庙观神佛而举行的定期的集会,会间商贩吆喝、艺人耍唱,男女汇集,形成了集祭神、游乐、贸易于一体的群众性民俗活动。如南京夫子庙庙会、上海龙华庙会、佛山祖庙庙会、东岳庙庙会、晋祠庙会、泰山东岳庙会、武当山庙会、火宫殿庙会、妙峰山庙会、药王山庙会等,都具有浓郁的地方气息,感染力很强。

开发庙会是借助庙会这种形式增加民俗文化旅游的项目,让旅游者在庙会中怀旧、增长知识、消遣娱乐、购物,从而进一步促进旅游娱乐、旅游购物的发展。

需要注意的是,开发庙会要切忌搞封建迷信。

2. 市集

市集,又称"场""圩""市""集",名目繁多,原为城乡人民进行物质交易的定期例会。在城市,市集通常有固定的场所和时间。在乡村,或逢一,或逢二、八,或逢四、六赶集,或逢五,或逢十。大集持续全天或数天,小集到中午即散。市集上买卖的商品琳琅满目,叫卖声不断。若遇大集,四方商贾纷纷前来,各种商品云集,人来人往,热闹非凡。开发、开放市集,具有广阔的前景,有助于民俗文化旅游的开发。

五、物品式

吃、住、行、游、购、娱是旅游的六大要素。旅游与购物总是相伴而生,二者相互补充、相互促进。旅游购物不仅能增加旅游气氛,而且也是一种重要的旅游动机。近些年来,我国旅游业发展迅速,旅游购物占旅游消费的比例也快速增长,但与世界旅游发达国家和地区相比仍存在着较大的差距。其主要原因是对民俗文化旅游商品的开发认识不足,旅游商品雷同、缺乏个性。

旅游商品是一种重要的旅游吸引物,是实用性、纪念性和工艺性三者的有机结合。如果再赋予旅游商品以民俗特色,其就富有鲜明的个性,旅游者就乐于购买。

民俗的形态多样,可以是有形的、无形的、物化的、观念上的、固化的、活化的。那些有形的、物化的民俗事象,如工艺品、生活用品等,就可以开发为民俗文化旅游商品,以满足旅游者的购物需要。其实,我国民俗文化旅游资源中像苏绣、湘绣、景德镇的瓷器等,早已转化为民俗旅游商品,远近闻名,广受旅游者喜爱,只是数量少、规模小。今后,只要我们下功夫从深层次上挖掘、开发,民俗文化旅游商品一定会大有市场。在开发民俗文化旅游商品时应注意以下几个方面。

第一,以纪念性为开发侧重点。旅游是种心愿和怀着心愿付诸实施的过程,当心愿得以实现,人们总是内心无比愉快,希望和亲朋好友一起分享快乐。这时,绝大多数旅游者都会购买民俗文化旅游商品,以作为取得美好感触和记忆的实物见证。所以,纪念性要贯穿民俗文化旅游开发的全过程。

第二,以创新为主流。民俗文化旅游商品以地方特色和民族特色为灵魂,以民俗特性对旅游者产生诱惑力,形成购买力,从而占领旅游购物市场。但是,由于民俗文化旅游商品有相当部分具有非专利性,容易被别人模仿,这会在一定程度上冲击民俗文化旅游商品的市场,因而民俗文化旅游商品的开发应具有十分强烈的创新意识,高度重视产品创新。当然,民俗旅游商品的创新要遵循一定的规则,要符合市场变化的规律,要以民俗文化为素材,有丰富的文化韵味。只有民俗文化旅游商品受到旅游者的无比喜爱,我们的开发才称得上是成功。

第三,开发形式多样。民俗文化旅游商品传统上多为手工制作,充分表现出我国各族人民的创作技艺。同时,随着旅游消费的增长,旅游商品工厂化生产已成为时代必需。为提高旅游者的兴趣和纪念意义,甚至可以设立作坊,让他们自己动手制作所要的、所喜爱的民俗文化商品。

第三节　民俗文化旅游开发的问题及对策探讨

在我国现代旅游业 30 多年的发展历程中,民俗文化旅游资源的开发取得了令世人瞩目的成就,但仍存在各种各样的误区和不少亟待解决的问题,妨碍了民俗文学旅游业的可持续、健康、稳定发展。

一、民俗文化旅游开发中存在的问题

目前,我国民俗文化旅游的开发中存在着一些具有代表性的问题,主要表现在以下几点。

(一)民俗文化旅游开发过度商业化

民俗文化旅游开发商业化是把对民俗的欣赏变为消费,在民俗中加入一些现代的表演技术,作为商品展示给人们,这并非一定会对文化遗产造成不良影响,还可能会提高传统民俗文化的知名度。但过度的商业化会严重破坏民俗文化遗产。有些地方过度看重眼前利益与经济效益,改变了民俗文化的要素,民俗文化转变成了商业化生存权利。很多地方将民俗文化作为发展经济的工具,民俗文化中的一部分被严重的物质化和商品化,从而成为一种失去灵气的品牌产品。例如:三月三武鸣歌圩,被过度地商业化,接连上演唱歌、跳竹竿舞、抛绣球等壮族传统特色活动。这样改变了活动的内涵,将过去表达男女间的情谊,现在变成了老少皆宜的全民娱乐活动,吸引了大量旅游者前来,给当地带来了较大的旅游效益,但也让淳朴的民俗文化蜕变为商业化的旅游表演。

（二）民俗文化旅游开发庸俗化

民俗文化旅游开发本应尊重民俗文化，对其精髓进行大力弘扬，但个别地方却打着进行民俗文化旅游开发的旗号去亵渎民俗文化。这具体表现在以下三方面。

第一，利用封建迷信误导旅游者。一些民俗文化旅游地打着民俗文化旅游的旗号，表面上是在扬民俗文化，实际上是在进行封建迷信的宣传，搞低级趣味，公然反对科学，亵渎民俗文化，歪曲旅游者的思想。有些导游不尊重科学，大讲风水、占卜等；有些民俗文化旅游商品，内容和形式均来自封建迷信，如护身符、符箓、神药、照妖镜等。

第二，把粗俗的民俗文化当作精华，损害民族或地区形象。例如，利用传统婚礼的陈规陋习，让扮演新郎的旅游者在民族婚俗表演中，不仅要给扮演新娘父母的"经营老板"见面礼，还得给新娘小费，实属于现代商业的勒索敲诈，彻底颠覆了民族婚俗的美好内涵。

第三，篡改传统民俗文化的内容，进行商业化设计，设法骗取旅游者的钱财。如在许多民俗文化村，"村民们"打着婚俗表演的旗号，拉旅游者参与表演，但是表演的每一个环节都要缴纳一定的费用。这样不仅使旅游者对该民俗文化形成了错误的认识，而且也让受骗的旅游者对该项目印象极为不好。

（三）民俗文化旅游开发同质化

我国幅员辽阔，各地区的人们具有本地别具特色的风俗文化。我国又是个多民族的国家，各民族又形成了具有鲜明特色的本民族民俗文化。这些不同的风俗文化特色是中国传统文化的基础和重要组成部分，表现在居住、服饰、饮食、节日、礼仪等日常生活方面。正是民俗文化旅游的地方特色和民族特色，才使民俗文化旅游的开发具有独特性和不可替代性。

出人意料的是，一些地方为了打造民俗文化旅游村，要求民宅统一色调,迎接旅游者。这使得一些地域特征相近的地方民俗文化旅游严重同质化。一些地方的民俗文化旅游组织者盲目仿效和追随他人,表现在旅游项目上相同、旅游商品雷同等等。如果民俗文化旅游被开发成如此雷同的模样,那么就很难吸引旅游者,这不能不说是种缺憾,是种浪费。

(四)民俗文化旅游开发虚假化

民俗文化展示的应该是当地居民生产、生活的真实写照。但是在实际中,民俗文化旅游开发却存在着严重的虚假化现象,这主要表现为以下几方面。

第一,为了迎合某些旅游者的猎奇心理和低级趣味,有意夸大民俗文化中的一些成分,如性、暴力等。这些现象的出现将会使传统的民俗文化失去其真正的含义、原有的风采以及传承意义,还会破坏当地的旅游形象,让旅游者对该旅游地产生不好的印象,这严重不利于对当地旅游的可持续发展。

第二,为了迎合旅游者品位,胡编乱造一些民俗文化,主要表现在一些节庆的来历解释等。

第三,为了进行民俗文化旅游的开发,没有根据、不加考虑地制造出一些"伪民俗"。

以上问题是在民俗文化旅游开发过程中存在的主要问题,此外,还存在一些其他的问题,如利益分配和协调机制不合理、开发粗糙,开发重点不突出,民俗旅游项目过于艺术化、舞台化。当然,只要我们正视这些问题与不足,认真研究论证,并进行矫正,就一定能把我国民俗文化旅游资源的开发推向新的高度。

二、民俗文化旅游开发问题的解决对策

民俗文化旅游的发展一方面积极促进了旅游地经济、社会、文化的发展,另一方面也严重影响了旅游地的民俗风情、传统文化等人文资源。因此,旅游地在开发利用这些资源的同时,应积

极采取防范措施和相应对策,最大限度地减少或限制上述不良问题的出现,使民俗文化旅游得到持续、健康地发展。具体而言,针对民俗文化旅游开发存在的问题,主要有以下几个解决对策。

(一)加强宣传,注重引导

政府各级部门应该想方设法保护好当地的民俗文化,特别是要坚决制止任何对当地民俗文化进行破坏的行为。比如,采取一系列强有力的措施阻止一些古镇、古民居、古村落出现的私搭乱建现象,因为这些古镇、古民居、古村落有着重要的精神价值、文化价值,属于当地民俗文化的一部分,对它们的原始风貌进行保留,就是在积极传承我们民族独特文化。政府部门可以通过多种渠道加强对当地居民的宣传引导工作,逐步提高其保护民俗文化资源的意识,增强其对民俗文化的感情,使得他们积极主动地参与到民俗文化旅游的保护和建设之中。只有政府要大力促进当地居民的参与,才能更好地再现与保持住没有受到外来影响的民俗文化。

(二)谨慎开发,合理利用

各地旅游部门要一直谨慎对待当地民俗文化旅游开发问题,合理利用本地的民俗文化资源。首先要对当地民间民俗文化进行一次彻底的排查。在抢救和保护中,要始终力求展现其简单、精巧的建筑,厚重古老的民风,悠远、古朴的风俗。在开发利用方面,要出于让现代人感知先人的文明、当地厚重传统的民风。同时,在民俗文化旅游开发上要明确开发不是为了地方政府出政绩或者出于扶贫,而是为后人留存一份优秀的文化遗产这种目的来开发利用。另外,要注意不借口在保护中开发或者强调在开发中保护,不良的开发必然会加速民俗文化的消失。

(三)健全制度,有章可循

加强民俗文化方面的规章制度建设是促进我国旅游业发展

的重要保障,是切实保护我国民俗文化的必然要求。可以说,做好文化遗产的保护与开发工作,对我们这个极具智慧与文明的民族而言具有十分重要的意义。但令人遗憾的是我国现行法律、法规中还没有关于原生态文化方面的规定,也没有现成的法律保护体系。保护和关注文化遗产,是肩负着传承传播民族、民俗优秀文化的一种历史任务,而不是一种狭隘的民族主义保护,更不属于纯粹的市场利益问题。针对我国原生态文化现状,我们应该积极借鉴国外原生态文化保护工作做得出色的国家的一些经验,尽快出台一部相关的法律法规,使我国对民俗文化的保护有法可依。

(四)建立合理的利益分配体系,促进旅游地和谐发展

首先,在民俗文化旅游开发的过程中,应避免通过行政手段强制开发,使开发符合民意,让社区居民能够参与其中。在旅游收益分配的问题上,也应由开发商、管理者和社区居民代表共同协商,建立科学合理的分配体系。

其次,在发展民俗文化旅游过程中,应该建立科学的利益协调机制,尽量让每个居民都获得平等的信息权,同时通过组织社区居民参加劳动培训等途径,力求每个符合条件的居民都有参与旅游业分工的机会,这样有助于缩小社会居民之间的收入差距,缓解社区居民之间的人际关系。对于那些自主创业尚有困难的居民,应该提供一些资金等方面的扶持。对居民在旅游活动获得的经济收入,可以从中提取一定的公共基金用来设立旅游发展和民俗文化保护基金,或者用来在社区修建一些阅览室等公益设施,这样有利于促进当地民俗文化旅游业的持续发展,还能使全体居民真正感受到发展旅游业所带来的好处。

总而言之,民俗文化旅游资源开发是一项认真、严肃的科学实践与产业经济活动,而且涉及众多的内容,稍有不慎,就可能造成严重的问题,产生不良的影响。因此,只有尊重民俗,科学规划,合理开发,通盘考虑经济效益、社会效益、文化效益的协调统

一,走精品化道路,最大限度地将民俗文化资源优势向经济优势转化,才可能实现预期的开发目标,推进民俗文化旅游业的健康发展。

第四节　不同类型民俗文化旅游开发研究

民俗文化旅游开发包括饮食、茶艺、酒水、服饰、居住、人生礼仪、节日、游艺、信仰、交通等多种类型,本节主要对饮食、服饰、游艺、信仰这四种类型的民俗文化旅游开发进行分析。

一、饮食民俗文化旅游的开发

地理环境、气候物产、民族习惯、宗教信仰、政治经济、烹饪技术的不同使得我国各地区各民族都有自己独特的饮食习俗。随着旅游业的快速发展,饮食民俗文化的旅游价值越来越明显。饮食民俗文化与旅游业相结合在很大程度上促进了我国民族文化经济价值的提升,同时也推动了旅游业的可持续发展。在这里,本书将对饮食民俗文化旅游开发的原因、饮食民俗文化旅游开发的建议进行分析。

(一)饮食民俗文化旅游开发的原因

1. 饮食民俗文化是独特的旅游资源

从旅游的角度看,饮食民俗文化具有十分鲜明的民族性、区域性、独特性和历史文化内涵,是一种独特的旅游资源,能够成功吸引人们的注意力,使得其进行旅游活动,旅游市场的开发潜力十分广阔。从古至今,饮食被人们赋予审美、礼仪、禁忌等多种文化内涵。旅游者对饮食的需求不只在于吃什么,更重要的是怎样吃,使用什么饮食餐具,以及食用的氛围和方式,这种"吃"文化历史悠久,里面往往蕴含着中国人认识事物、理解事物的哲理。而不同民族、不同地区风情风味浓郁的饮食民俗文化最能满足旅游者尝试各种食品的需求,在享用和体验风格迥异、造型讲究、色彩诱人的食物和餐具饮食方式时,旅游者可以获得极大的感官满足、审美体验。因此,饮食民俗文化本身就是一类旅游产品,民俗文化旅游开发者应该重视并积极开发这些具有民族特色的、文化内涵丰富的名吃、名菜、名点,吸引更多的旅游者,创造史大的经济效益。

2.饮食民俗文化可以增加旅游饮食产品的附加值

旅游饮食产品的民俗文化内涵和特色,会使其成功吸引某一特定的消费群体,打开某一特定的消费市场和消费区域,形成某一特定的消费层次,它实质上构成了旅游饮食产品吸引力的内在依据。

旅游者"求新""求奇"的旅游心理要求旅游对象和旅游活动具有新鲜和新奇的特性。如果不考虑旅游者在饮食过程中所包含的精神文化需要,不去运用具有文化品位的营销手段,那么就不能在旅游市场中占据一席之地。例如,北京"傣家村大酒店"用其独特的民族歌舞伴餐的经营方式和独特的西双版纳风味菜肴,增加了饮食产品的附加值,很好地展现了饮食文化与中华优秀传统文化的密切联系,使得旅游者在饮食过程中咀嚼人生的美好和意义,因而广受旅游者的欢迎,市场广阔。

此外,在中国流行着众多民间故事,由此衍生出来的名菜、名点、名宴、名店十分常见。"红楼宴""三国宴""西游宴"等已经成为历史文化继承的典范。

3.饮食民俗文化资源是中国旅游实现转型和升级的一个重要途径

近年来,随着旅游产业的快速发展,旅游者已经不再满足于单一的欣赏自然人文景观,而是渴望在观光游览之余,加深对各类文化的深入理解，和当地民众进行交流，因而民俗文化旅游成为目前开发的一个热点。饮食文化具有其他民族文化元素所无法比拟的张力和显性，较易为旅游者所感知、体验。凭借独一无二的饮食民俗文化资源来发展度假旅游，既可以提高旅游地区的综合吸引力，也可以增加旅游者对旅游地的文化认同感。可见，饮食文化与旅游相结合，以旅游作为载体，可以互相推动，互相发展，从而使得旅游地获得良好的经济效益和社会效益。

（二）饮食民俗文化旅游开发的建议

伴随着旅游业的快速发展，我国的饮食民俗文化也得到了一定程度的发展，如云南的过桥米线、三道茶等。但是还有很多传统的饮食习俗并没有得到很好的发展，如汉族的饮食文化尚未完全实施开发、整理、革新的系统工程；有些少数民族的饮食基本上都是口传心授，未能展现在旅游者的面前。为了更好地进行饮食民俗文化旅游的开发，应注意保护和弘扬旅游地的地方饮食民俗习惯，同时尊重旅游者的饮食要求。具体而言，饮食民俗文化旅游开发应该注意做好以下几方面工作。

1. 树立饮食民俗文化资源观，把饮食民俗文化作为重要的旅游资源来开发

在我国，数千年来，人们普遍认为，民以食为天，饮食的功能是饱肚，很少有人专门为一种饮食而奔波千里、花上大笔钱财。要把饮食作为一种文化资源来开发，将会有很小的受众。正是因为这种观念的存在，人们才没有充分认识到饮食文化资源的重要性。实际上，饮食不仅能够满足人类基本的生存需要，而且散发着艺术的美感，其内涵博大精深，是民族文化遗产的一部分。要把饮食民俗文化作为一种重要的旅游资源来开发，并且认识到这种旅游资源的开发具有投入少、回报率高，且可以不断创新利用的特点，从而树立饮食民俗文化资源观，对其予以足够重视。

2.加强政府的指导作用,重视饮食民俗文化的深入研究

目前,中国的饮食民俗文化在开发中偏重于汉族的传统饮食,对于那些更具有吸引力、更独特的少数民族的饮食文化重视不够,没有对其进行系统的整理、挖掘。这就需要加强政府的指导作用,推动饮食民俗文化的深入开发与研究。在饮食民俗文化资源的开发的过程中,政府可以通过制定法律规范、宏观调控、政策导向、资金投入等措施引导饮食民俗文化朝着持续、健康的方向发展。同时,还要组织有关部门、专家学者深入调查研究饮食民俗文化,广泛搜集、加工、整合有关饮食的民间传说、神话故事等资料,使之与旅游活动恰当地结合起来,让旅游者边听、边看、边尝、边思,乐在其中,这样不仅弘扬了饮食民俗文化,而且延长了旅游者的逗留时间,增加了旅游地的经济收入。

3.不仅要突出地方特色,还要符合当今世界饮食的潮流,并在此基础上进行创新

我国虽然有很多独特的饮食,菜的做法博大精深、菜的名字五彩缤纷,但饮食文化活动表现形式刻板,没有赋予饮食以独特的文化。要想让饮食民俗文化成为独特的旅游资源,就必须赋予美食以丰富的民俗文化内涵。目前,我国还有很多饮食佳肴没有和当地的民族文化、民俗风情结合在一起,无法满足旅游者的精神享受,因而降低了旅游者对旅游地区的感知,对旅游业的发展造成消极影响。针对这种情况,在开发饮食民俗文化资源时,要注意突出当地的特色,赋予饮食当地独特的、鲜明的、乡土气息浓郁的文化。只有这样,才能使当代饮食文化具有无可比拟的生命力。

需要注意的是,在讲究饮食文化具有地方特色的同时也不能忽略当今世界饮食文化的时尚潮流——"返璞归真"和"营养健康",所以饮食民俗文化的开发应使用当地没有受到外来影响的材料,用民间的加工和烹制方法,提供具有浓郁民族风土人情的

就餐环境,形成特殊材料的文化艺术饮食产品。既要突出当地民族饮食质朴实在、本本色色的农家风味、田园风味的特点,又要愉悦旅游者的身心,使饮食民俗文化提高到精神享受层次。此外,饮食民俗文化是在长期的历史发展过程中形成的,是时代的产物,并随着历史的延伸而不断向前发展,因此,饮食民俗文化的开发必须注意到这一点,做到推陈出新,根据现代人的需求而创新,才能对旅游者形成持久的吸引力,长久兴盛下去。

4.加强饮食民俗文化的宣传促销

通常情况下,旅游产品的购买对象都是初到他乡的异地旅游者,他们并不十分了解当地情况、地方特色、饮食特色等。但是现阶段的旅游宣传的重点仍然停留在旅游线路、旅游景点等,没有把饮食民俗也作为一种旅游资源来大力宣传。随着旅游者需求的渐渐提高,应该把饮食民俗文化放在与旅游景点、旅游线路等一样的位置上进行宣传。在各地各类旅游节庆中,要注意把饮食民俗文化看作是一种富有特色的人文景观,或者是把饮食民俗文化看作是一种促销项目,将其顺利推上旅游市场。

综上所述,中华饮食民俗文化源远流长、特色丰富,有着极为广阔的开拓空间和发展前景,是发展旅游业的重要资源之一,有利于推动和维持旅游业的健康、稳定、协调、可持续发展。我们要以满足旅游者的需求为出发点,大力开发饮食民俗文化资源,促进饮食民俗文化的发展,同时获得良好的旅游经济效益。

二、服饰民俗文化旅游的开发

服饰民俗是人类特有的劳动成果,是一个民族或地区在穿戴佩饰方面的物质创造,既表现为"物"的文化形态,又体现了"精神"的文化形态,是一种群体意识的象征,是民族精神的集中表现,是民族文化的重要载体,也是最活跃、最具时代特征、最能直接标识我国各地各民族的文化风情和文化差异的民俗事象之一,理当成为一种重要的旅游资源，具有高度的旅游文化价值。在这里，本书将对服饰民俗文化旅游开发的原因、服饰民俗文化旅游开发的建议进行分析。

（一）服饰民俗文化旅游开发的原因

1.服饰民俗文化是旅游审美不可或缺的主要内容

服饰民俗文化具有极强的民俗地域特征，与各自民族体貌特征，各自民族的生产、生活方式，周围景色协和，是民俗旅游景观中一种特别重要的构景要素。它们总是以由色彩、面料等元素组合而成的整体效果给旅游者以不同层次的协和之美，审美价值较高。从某种角度上说，旅游活动就是一种审美活动，是旅游者观照、审视旅游景观与旅游资源，从而获得美的享受与心灵愉悦的动态过程。服饰民俗文化包括色调美、装饰美、结构美等，能够能给旅游者带来多方面美的享受与精神满足。例如，福建惠安县的汉族妇女，以"封建头，民主肚，解放脚，经济衫与浪费裤"而享誉海内外，成为汉族服饰中最具个性、极为神秘的风景线。云南大理白族妇女常着白色上衣，外罩红坎肩或蓝色上衣黑坎肩，下穿深色长裤，围彩腰，色调明快，对比鲜明，使人感到十分醒目、适意。

2.服饰民俗文化是民族的标记

服饰民俗文化建立在每一个民族共同的民族心理和审美情趣基础之上，因而一经形成，就被赋予强烈的感情，并且成为辨别个体属于哪个民族的标志。例如，着蒙袍，穿船形月牙高筒靴的是蒙古族；身穿藏袍，佩藏刀，戴藏帽的是藏族；头戴绣花帽，身着竖长条纹长衫的是维吾尔族。考察、观赏服饰民俗的过程，也就是旅游者增长见闻、丰富文化知识的过程。

3.服饰民俗文化是一个民族或区域历史的缩影

服饰是时代的产物，代表着一个国家政治、经济、文化的发展水平,透过服饰民俗可以看见不同民族或地区的在社会历史中发展过程中的轨迹,经济基础与宗教、文化对服饰民俗发展的影响。例如,苗族服饰有着丰富的图案,黔东南的服饰多以花鸟虫鱼为图,象征吉祥幸福;黔西北的服饰多反映民族的历史,有的表示祖先迁徙过的江河、平原,有的表示居住过的城郭、田园、山水。先秦华夏族的服饰为上衣下裳,明代的女服为"水田衣",清代满族的服装为旗袍,民国的国服则为中山装。旅游者进行服饰民俗文化旅游就好像阅读一部"无言的史诗",给人以深刻的文化启迪。

4.开发服饰民俗文化旅游能够满足旅游者的旅游购物需求

旅游者之所以会在旅游的过程中购买少数民族服饰,主要是为了个人收藏留作纪念或馈赠给亲朋好友传递一份情谊。对于时尚人士或艺术工作者而言,买下传统民族服饰,穿在身上,可以彰显个性和独特的审美眼光,堪称是一种实用又富于创意的做法。由审美走向实用是我国少数民族服饰资源的一种重要旅游价值,这种出于实用考虑而购买少数民族服饰的行为,有其比较现实的服饰审美文化基础。我国少数民族服饰一般色彩鲜明、工艺精美、样式各异,恰好符合现代人追求个性化、多元化的审美口味。如今,许多少数民族服饰已经陆续融入现代社会。例如,基诺族姑娘的鸡心型胸兜,至今仍广受时尚女性喜爱;傣族妇女窄小上衣和修长筒裙相配的服饰风格,曾经在一些发达的都市非常流行。

5.开发服饰民俗文化旅游能够满足旅游者求奇求趣心理

虽然少数民族服饰具有时代性、变异性,但它的继承性和稳定性使其呈现出鲜明、独特的地域色彩。对于旅游者而言,少数民族服饰的面料、色彩、款型、纹饰符号、加工工艺等,都非常新奇有趣。因此,若能亲身参与体验一下制作过程,最终带着自己的产品离开旅游地,一定会让他们获得精神享受与心理满足。这种经历不仅能够增添旅游者的旅游乐趣,还有助于旅游社会文化效应的提高。

6.开发服饰民俗文化旅游能够满足旅游者多元旅游需求

旅游者通常会出于多重的目的而非单一的目的进行旅游活动,在共同的观赏价值之下,少数民族服饰还蕴含着多元深层价值。例如,时装设计师在现代设计理念统摄下,可以直接抽取少数民族服饰的元素符号并加以融合,设计出适合不同人群的衣服。此外,希望从少数民族服饰审美中获得高层次审美感受的文化人,也纷纷对我国少数民族服饰资源提出了审美等需求。从民俗文化看,我国少数民族服饰记述、承载了不同民族的历史、文化,必然成为民族史、服饰史等方面研究者必须掌握的第一手资料。

另外,我国少数民族服饰资源显然还拥有多项文化传播功能,有利于发扬我国的传统文化。

(二)服饰民俗文化旅游开发的建议

服饰民俗是以人为载体的民俗,所保有的旅游文化内涵相当丰富,具有重要的工艺价值、历史价值和认知价值,充分发扬服饰民俗在旅游资源开发中的作用,将会在很大程度上推动旅游市场的发展。具体而言,服饰民俗文化旅游开发应该注意做好以下几方面工作。

1.与其他旅游资源组合开发

服饰民俗文化不能成为主体性的旅游吸引物,它通常须与其他民俗文化旅游资源或其他旅游资源一起构成一个独立的景观体系。也就是说,服饰民族文化只能够开发成为辅助型的旅游文化景观。

2.开发的方式要灵活

服饰民俗文化旅游的开发可以采用单一方式,也可以多种方式组合开发。

3.与环境相协调

服饰民俗景观应当与周围的自然环境景观、民居景观相适应,在文化内涵上具有一致性。不能身穿蒙古袍,却居住在傣族的竹楼,那样会显得不伦不类。

4.突出民族服饰的特点

服饰民俗文化旅游资源的开发应充分把握民族服饰的本质特点,将各民族服饰与其风俗、习惯、信仰和某些传说恰当地结合起来,增强服饰民俗文化旅游的知识性、趣味性和吸引力。同时,还要注意多样性与独特性的统一,不能张冠李戴。

5.充分利用节庆,集中展示民俗服饰

节庆不仅是一次民族或地区的盛会,而且是民俗服饰的盛会。节日里,人们会自觉、不自觉地盛装打扮,突出服饰民俗文化的多姿多彩。

6.挖掘民族服饰资源的文化内涵

不同的民族服饰甚至是不同地域的同一种民族服饰都有着不同的文化内涵,这是中华民族服饰的最大特色。挖掘民族服饰资源的文化内涵,有利于突显、增强服饰民俗文化旅游资源的特色与吸引力,吸引更多的来自海内外的旅游者。

7.做好民族服饰文化的保护和传承

我国民族服饰文化的保护和传承主要从以下两方面着手。
(1)强化政策保护
政府是国家经济文化发展的调控者,在民族文化的传承和保护上发挥着重要的作用和价值。因此,政府在相关政策导向、法律法规制定、公益宣传中都应该起到应有的作用。

（2）加强青年一代民族文化教育

要实现民族服饰文化的保护和传承,必须在各级各类教育活动中渗透我国民族服饰文化方面的内容,增加青年一代与民族服饰接触的机会,在无形中培养其对民族服饰的认知和爱好。

8.加大媒体的宣传力度

民族服饰义化需要传播,媒体的力量不容小觑。传播的媒体主要有政府传播媒体、电视新闻传播媒体、旅游者传播媒体。其中,政府传播媒体具有其他传播媒体所无法比拟的优势,这是因为在当代中国,政府在民众心中具有非常高的信任度。旅游者的特定地域身份及亲力亲为也会在相当程度上扩展服饰民俗旅游资源的地域影响,同时增强旅游者的旅游热情。例如,湘西苗族自治州的凤凰以其古朴宁静的小镇特色、浓厚的人文气息,成功吸引了众多旅游者前往。当地人们对苗服的介绍和租赁苗服给旅游者拍照,使得不少旅游者对当地的苗族风情和民族服饰产生了浓厚兴趣,并且对此次旅游活动深刻印象,从而向更多的旅游者进行宣传。

三、游艺民俗文化旅游的开发

游艺民俗是所有民俗中最生动、最具感染力和吸引力的民俗,集观赏性、参与性、娱乐性为一体,其表现形式有口头文学、民间工艺、民间音乐和舞蹈等,是一种形式多样、文化内涵丰富的民俗旅游资源,既可展示中华民族的价值取向和精神风貌,又可调动人们参与的积极性,具有极大的旅游价值与开发潜力,可以使民俗文化旅游更加多姿多彩。对游艺民俗文化旅游开发的关键是要保护游艺民俗的"生产方式",使之不断被"生产",这样才能永葆生命活力。在这里,本书将对游艺民俗文化旅游开发的原因、游艺民俗文化旅游开发的建议进行分析。

（一）游艺民俗文化旅游开发的原因

1. 开发游艺民俗文化旅游资源可以提高旅游业的竞争力

我国有着十分丰富的游艺民俗文化旅游资源，这些资源具有不可估量的重要价值，正在等待着人们的开发。因此，开发与保护游艺民俗文化旅游资源，使之与自然景观、历史文化景观融为一体，实现其经济价值、文化价值的最优化，不仅可以丰富旅游内容，而且可以直接促进旅游地经济的发展，提高旅游地居民的生活水平，弘扬中华民族优秀传统文化，进而形成特色旅游，从而提高我国旅游业的竞争力。

2. 游艺民俗可以丰富人们的旅游生活

中国传统的游艺民俗，大多已经经历了漫长的历史发展进行，地域性明显，民族性独特，并且文化意蕴十分深厚。例如，舞龙的游艺。每逢有大节日、大庆典及出会巡游等，必有舞龙助庆。在大多数中国人的眼睛中，龙是一种祥瑞的灵物，对其非常崇拜，并通过舞龙来表示对龙的尊崇，同时祈祷龙能够保佑农业丰收。当然，通过舞龙也能够烘托节日的喜庆气氛和人们的美好祝愿。舞龙的同时，通常还伴随着舞狮，中国人认为狮子能够起到避邪镇妖的作用。因此，在节日里进行舞龙、舞狮表演成为中国一种极富民族色彩的民间艺术。旅游者观看舞龙、舞狮表演，能极大地丰富自身的旅游生活，增加其旅游情趣。

3. 游艺民俗可以推动旅游活动的内涵发展

在游艺民俗中，各民族创造的民间艺术具体表现着中华民族精神的独特美学气质，其流传延续的风格样式和活动形式，蕴含着丰富的历史文化信息，反映了中华民族的价值取向和精神风貌。例如，民间剪纸，具有广泛的题材、浓郁的生活气息，同时也表现出广大人民群众的社会认识、实践经验、道德观念、审美情趣和人生理想,可以说剪纸所包含的寓意意味深长。无论是四时节令、婚寿礼仪的装饰,还是北方特有的文化背景和民俗风情的再现;无论是人们喜爱的历史故事、民间传说,还是反映人们希冀吉祥幸福的民间艺术,都体现了民间艺人不同于寻常人的智慧和丰富的、多彩的想象力。在中国艺术体系中,民间艺术作为珍贵艺术传统和人文资源,始终保持着功利价值和审美价值的和谐统一。它们的存在,推动了旅游活动的内涵发展。

(二)游艺民俗文化旅游开发的建议

开发游艺民俗文化旅游资源是为了适应日益发展的旅游业,民俗旅游资源中的游艺项目内容丰富,形式多样,开发该类旅游资源时需要做好以下几方面工作。

1.挖掘文化内涵,突出地域特色

从本质上而言,开展游艺旅游就是为了追求文化认同和文化差异,因此要注意充分挖掘、创新游艺旅游资源的文化内涵,突出地域风格、民风民俗、审美风格、艺术品位、文化情趣等要素的特色,以特色取胜。

2.游艺活动与商贸结合

在商品经济日益发达的社会里,游艺民俗文化旅游是一项文化性很强的经营活动,许多旅游者通常把观赏民俗活动与从事经贸活动结合起来,在参与、欣赏民俗活动之余享受购物带来的乐趣。中国民族众多,民俗风情各异,如傣族的泼水节、怒族的仙女节、独龙族的年节、西藏的雪顿节、侗族的赶歌会、杭州的运河庙会、北京地坛庙会等,都各具民族特色,这些能够成功吸引旅游者的注意力,使其产生旅游动机、进行旅游活动。许多地区正是将民俗活动作为旅游吸引物,积极开展经贸洽谈与商品展销会,不仅取得了可观的经济收入而且给旅游者留下了很好的印象,有利于当地旅游业的持续发展。例如,河南浚县一年一度的"正月庙会"在国内外享有盛名,是中原民俗文化的活化石,一个来自德国的民俗学者称其为"中国老百姓的狂欢节"。改革开放以来,浚县政府利用庙会举办文化艺术节,有传统游艺形式如舞狮、高跷、秧歌、旱船、竹马、龙灯等,使得庙会由过去单一的朝拜进香会变成了物质交流、文化交流、传承古老民族文化艺术的节会活动。最高日客流量达50多万人,民间工艺品销售收入高达千万元。所以,要想促进民俗文化旅游的持续、健康快速发展,必须把游艺活动与经贸结合起来。

3. 软件建设与硬件建设相结合

"软件建设是指游艺活动的组织安排、游艺节目的建设、游艺队伍建设;硬件建设是指游艺旅游设施的建设,这样既可以较快地形成新的吸引物,又可以较快地积累硬件建设所需的资金。"[①]需要注意的是,硬件的建设要根据旅游地总体规划量力而行,还要根据游艺文化的要求为旅游者提供必要的设施。同时,也不能忽视软件建设。只有同时抓好硬件建设和软件建设,才能真正促进游艺文化旅游事业的发展。

4. 旅游线路构建与民俗节目结合

游艺民俗活动具有鲜明的娱乐性质,能够对旅游者产生强烈的吸引力,继而使其产生真正参与到游艺民俗活动的欲望。因此,挖掘游艺民俗旅游资源需要做好以下几方面工作。

首先,要构建科学、合理的旅游线路,在游赏线路中增设游艺民俗节目,如三峡民族风情漂流线,除漂流、观赏两岸的自然风光外,还专门设立了土家巴山舞、山歌对唱等节目来增加旅游趣味,取得了很好的效果。

其次,旅游线路设计应当与当地的民俗节日或专门的游艺民俗旅游节相结合,因为这种节日能够集中展示当地的游艺民俗。

---

① 余永霞,陈道山:《中国民俗文化旅游》,武汉:华中科技大学出版社,2014年,第289页。

例如,浙江海宁硖石每年的正月十三至十八日都会举办盛大的灯节,迎灯队伍多至上千人,观灯旅游者更是多达十余万。可见,传统的民俗节目、活动与旅游线路结合后转化为新颖的旅游内容,会对旅游者产生极大的吸引,使其产生旅游动机。

5.注重"雅"与"俗"结合

旅游目的地的游艺民俗表演要注重雅俗结合,因为从经营角度说游艺民俗文化的雅、俗缺一不可,"雅"能够让旅游者产生差异感、新鲜感与强烈的吸引力,形成比较优势,"俗"可以起到扩大市场规模的作用,从而取得良好的经济效益。雅与俗的结合有两种途径:一是把那些高雅的表演性艺术产品部分转化成群众能够参与的艺术产品;二是开辟一些高雅的演艺产品来吸引旅游者,产生轰动效应,从而为较为通俗但适合大众参加的艺术产品铺平道路。例如,素有"陶都"之称的宜兴的制陶工艺是一种非常高雅的艺术。以前,我们看不到制陶工艺的制造过程,但当地人将这种制陶流程"俗"化,旅游者不仅可以在这里看到各种陶瓷艺术品,还可以亲身参与、自己动手制陶。在中国少数民族中,有很多参与性强的民俗化的节庆艺术表演节目,如黎族的跳竹竿、台湾高山族舞蹈、纳西族的"巴乐跳"等等,都很适合在旅游地展开。

6.开发与创建民间游艺品牌

开发民俗文化旅游,必须注意开发独特的、满足旅游者心理需求的旅游纪念品。开发者应当积极寻找与旅游纪念品有关的工艺形式与内容,积极研究民间的手工工具等用品,归纳整理手工艺的原材料、加工工艺,根据"就材加工、量材为用"的原则开发旅游纪念品。对剪纸、刺绣等手工制作工艺,不仅要收集与整理资料,还要对其造物思想、加工技艺、文化内涵等进行理论总结,为文化建设和民间工艺品的开发与应用提供理论参照。

民间活动和民间工艺想要参与旅游产品市场竞争,在竞争中获得优势地位,就有必要创建属于自己的品牌。我国虽然有丰富的游艺民俗旅游资源,但各地缺乏像白族的三月节、朝鲜族的寒食节、傣族的泼水节、回族的目脑节、哈尼族的澡塘节、河南浚县正月古庙会那样叫得响的品牌。因此,应该认识到民间特色工艺品极具开发价值,根据当地游艺民俗旅游资源情况来打造具有代表性的民俗活动品牌和民间手工艺品牌。

四、信仰民俗文化旅游的开发

"信仰民俗又称民间信仰,是在长期的历史发展过程中,人们自发产生的一套神灵崇拜观念、行为习惯、禁忌和相应的仪式制度。"①旅游活动在本质上是一种认知文化活动,随着人们生活水平的不断提高,大量存在于中国社会的信仰民俗文化自然会成为民俗旅游资源的一部分,成为旅游者观光的重要目标。民间信仰已被当代旅游业广泛开发利用,所有的民间信仰观念,都由相关的物化实体、仪式、活动等直观形象地表达出来,如庙会、舞龙、寺庙、祭海、花灯等。所有这些直观的行为和形象,都可以成为旅游者观赏、参与、体验和购买的对象,继而成为能够畅销的、增值的旅游产品。在这里,本书将对信仰民俗文化旅游开发的原因、信仰民俗文化旅游开发的建议进行分析。

(一)信仰民俗文化旅游开发的原因

1.历史原因

信仰民俗起源于人类社会早期的原始信仰。"万物有灵"是原始信仰产生的思想和哲学基础,因而信仰民俗具有强烈的神秘性、较大的渗透性、较强的包容性、突出的功利性、俗信化的趋势等基本特征。民间信仰深深扎根于社会生活实践,群众基础广泛、社会基础深厚。民间信仰大多源于人们将现实生活中种种无

---

① 余永霞,陈道山:《中国民俗文化旅游》,武汉:华中科技大学出版社,2014年,第322页。

法实现的梦想和希望,寄托于日月星辰、风雨雷电、动植物、图腾、祖先、神灵等等,并希望这些信仰对象能保证丰产,保佑社会群体的平安,保佑人们出征全胜等。人们对民间信仰的现实诉求,极大地推动了民俗文化旅游的发展和民俗文化的传承。

2.现实原因

改革开放以来,信仰民俗文化发展成为一种重要的旅游资源,有历史的因素,也有文化和社会的因素。

第一,在发掘传统文化的过程中,人们被历史上和民族地区的信仰民俗深深吸引,从而形成了把民间信仰文化转化成为一种旅游资源的客观要求。

第二,经济制度的转轨引起的思想多元化,人们认识到可以把信仰民俗文化当作是一种旅游资源。

第三,我国社会转型期的人们心理失衡也推动了民间信仰文化旅游的发展。在当今社会,人们面临着激烈的生存竞争,常常遇到付出很多努力仍难达目的的事情,因此,时常感到自身的力量是如此渺小,面对大千世界有种无所适从的感觉。于是,许多人将精神依托于神灵,希望通过烧香、磕头来得到神灵的保佑,获得心灵的慰藉与生活的幸福。

第四,人们可以自由选择民间信仰,增生了信仰民俗文化发展的现实土壤。

此外,信仰民俗文化旅游开发的原因还在民间信仰文化中蕴含有许多有助于激发人们旅游兴趣的内容,这能够在客观上促进旅游活动的发生。这主要表现在:首先,民间信仰所形成的许多物化的成分在今天成为一种比较独特的民俗文化旅游资源。如由龙信仰所形成的龙盘柱、龙剪纸、龙饰品、龙灯等相关物品,因石信仰所形成的"石翁仲"和"石敢当"等神灵象征物,有关帝庙、龙王庙、月老庙、祖师爷庙等庙宇建筑。其次,民间信仰中的许多行为尤其是在岁时节日期间举行的活动,带有消闲游乐的成分,很容易转化为有地方特色的活动型旅游吸引物,比如祭祀活动是民间信仰的重要表现方式,随社会历史的发展,祭祀活动显现出明显的世俗化趋势,甚至转化为融祭祀、贸易、娱乐、民间艺术展演于一体的社会文化活动,最为典型的就是各地围绕祭祀中心所形成的大型庙会,如北京妙峰山庙会等。这类庙会已经成为民间地方性的固定游乐节日,日益受到旅游开发者、大众旅游者的广泛青睐。

(二)信仰民俗文化旅游开发的建议

将民间信仰文化作为一种特殊的旅游资源进行开发,其意义与价值在于使旅游者体验异地独具特色的文化情调、原汁原味的民俗文化和真实生动的生活展现。这就要求在信仰民俗文化旅游开发的过程中,把握好以下几方面工作。

1.开发过程的渐进性

信仰民俗文化旅游开发理应是一个渐进的过程,必须进行统筹规划、分期实施。因此,有必要构建民间信仰文化旅游资源分类与评价。同时,要尊重民间信仰文化的真实形态,切忌进行背离历史与实际的虚构呈现。

2.思想性和科学性

在开发信仰民俗文化旅游时,要注重思想导向问题,切忌搞封建迷信,去粗取精、去伪存真,充分发挥信仰民俗文化中的精华,使之成为富于民族特色的旅游资源。信仰民俗文化在中华民族长达数千年的历程进程中,保持着社会的连续性和稳定性,维系着人们的民族感情。对旅游者而言,通过体验信仰民俗文化旅游活动,可以深入了解我国不同的民族、地区在不同时期呈现出的信仰民俗文化。但是,受历史因素的影响和局限,有些原始民间信仰已经表现出不适合当今时代形势的需要、不合世俗习尚或落后的一面。因此,在民俗文化旅游资源开发的过程中,应该特别注意仔细辨别迷信和俗信。迷信和俗信有时候交织在一起,不容易辨别。通常情况下,迷信是歪曲认识与歪曲处理事物之间因果关系的神秘手段,对社会有一定的危害性,不利于人们身心健康发展;而俗信则是民众的正常的精神信仰,基本上不会对社会和他人造成伤害。

3.开发与保护的统一性

在进行信仰民俗文化资源开发时,要注重保护自然生态和文化生态。其中,文化生态涉及文化与自然环境的关系,可以充实旅游内容,开发新的旅游项目。另外,还应该高度重视民间信仰旅游资源的发掘和再利用。

4.防止出现伪民俗、商业化问题

旅游者进行信仰民俗文化旅游,希望看到原汁原味的民俗文化,在开发民间信仰民俗这种特殊的文化旅游资源时,一定要注意这一点,为旅游者展现民间信仰的真实原貌。在现实生活中,我们经常看到某个地方之所以进行旅游开发,其目的是获得良好的经济效益,或者是为了彰显本地政绩,从而刻意迎合旅游者的心理,在本地没有某种信仰民俗文化的条件下,生编硬造出一些民间故事、民间传说、一座庙宇、一个偶像等,凭此赚取旅游者的香火钱。例如,很多地方建造了许多诸如"鬼府神宫"的伪民俗旅游景观,利用旅游者的民间信仰心理去获得旅游经济效益。

此外,传统的仪式活动通常都是在特定的时间、地点,按照规定的内容和方式举行的。然而,随着旅游业的开展,很多这类活动都被商品化,主要表现在:第一,为了接待旅游者,这些传统的仪式活动的举行时间和地点被任意化,随时随地都会被搬上"舞台",完全成为获得经济效益的活动;第二,为了迎合某些旅游者的低级、恶俗的观赏兴趣,常常改动活动的一些传统的、既定的内容,并且增加了相当一部分表演的成分,商业化气息浓厚。

5.处理好民众公共空间与旅游者旅游空间的矛盾

信仰民俗作为一个文化系统是人们日常生活的一部分,虽然信仰民俗是一种旅游资源,可以用来进行旅游开发,但是要始终明确一点,那就是信仰民俗文化主要是作为人们的一种精神需要而存在的。在信仰民俗文化旅游开发后,人们的一些活动空间可以让渡给旅游者,但是决不能只考虑旅游者的需要,而忽略了本地民众的精神生活需要。倘若对信仰民俗文化的开发超过了一定的限度,则可能会把民众排挤到公共空间之外。比如庙会这种民间文化系统,原本不是为了旅游者而存在的,虽然可以用来作为旅游资源进行开发,但是庙会本身存在的目的主要是满足广大民众的生活、心理需要。因此,在开发时首先要照顾到广大民众的需要,然后才是考虑旅游者的需要,不能把主次、轻重的位置弄颠倒了。庙会民间文化系统的历史悠久,它之所以会对旅游者形成巨大的吸引力,首先在于这个民间文化系统对当地民众具有吸引力。正是由于广大民众的积极参与,才形成了规模庞大、声势浩大、具有强烈吸引力的庙会。所以,民众的参与是庙会成为旅游资源、进行旅游开发的前提。

总之,在进行信仰民俗文化旅游开发时,要注意不能为了满足旅游者的旅游需要而损害到当地民众的生活需要,不能为了扩大旅游者的旅游空间而剥夺当地民众的公共生活空间。

第三章 民俗文化旅游区划研究

迄今为止,中国民俗文化旅游资源开发利用的水平还比较低,许多有价值的民俗文化资源没有引起应有的注意,相应的开发工作还很不到位。在这种情况下,必须大力做好民族文化旅游区划工作,在民俗旅游区划的框架内对民俗文化资源进行规划与开发,进而推动我国民俗文化旅游工作的发展。在这里,本章内容将从理论和实践角度对民俗文化旅游区划进行深入的分析与探究。

第一节 旅游区划的基本理论

近些年来,随着旅游业的快速发展,旅游区划的重要性越来越深入人心。旅游区划工作的开展需要有科学的指导理论。具体来说,旅游业在开发和管理旅游资源、制定旅游业相关的政策法规、企业区位选择、旅游资源的规划、旅游线路的设计等,都离不开旅游区划的基本理论的指导。在这里,本节内容主要对旅游区划的基本理论进行概要的分析与探讨。

一、旅游经济学理论

旅游区划是对旅游地发展的各项旅游要素进行统筹部署和具体安排,在此过程中,旅游区划应遵循经济学的一般原理,为建立或完善不同大小区域内完整的旅游产业体系、满足旅游者需求、产生较高的综合效益服务。在此基础上,旅游经济学理论逐渐产生。

最早从经济学角度对旅游现象进行研究的是意大利政府统计局的鲍迪奥,他在《在意大利的外国人的移动及其消费的金钱》一文中从经济学的角度对意大利旅游进行了一定程度的分析。在这之后,罗马大学的马里奥蒂和德国的葛留克斯曼先后出版了《旅游经济讲义》《旅游总论》两部作品,为早期旅游经济学理论的诞生奠定了一定基础。第二次世界大战之后,关于旅游经济学的研究成果逐渐增多,旅游经济学理论最终形成。

作为一门研究旅游活动及其发展规律的综合性经济学科理论,旅游经济学理论主要包括以下几项理论。

(一)旅游市场学理论

市场学是研究企业市场营销活动规律的一门经营管理科学。旅游活动与市场之间有着密切的关系,一些学者从市场学的角度来对旅游的相关内容进行研究,并形成了旅游市场学。旅游市场学主要是针对旅游产品这种特殊产品,研究旅游产品的一系列市场营销问题。旅游市场学学科面向人们的旅游活动,涉及旅游者、旅游目的地、旅游企业之间利益的平衡关系。

1.旅游市场

根据现代经济学理论可知,市场是指买者和卖者之间对一个特定产品交易和处理的网络。旅游市场上,旅游产品的销售和购买程序如下:第一,旅游者把货币交给中间商;第二,中间商将旅游者带到目的地;第三,旅游者离开目的地。总的来说,这种通过中间商的交换进行的旅游产品销售和购买活动只是整个旅游市场的一部分,旅游者还有其他形式的消费支出。

在当代自由竞争的市场经济环境下,旅游业已由卖方市场转为买方市场。旅游区划要重视旅游市场导向,把旅游的市场需求作为营销策略规划的出发点之一。从市场需求的角度出发,将人们的需求和爱好反馈到旅游市场的供给上来,通过旅游区划提供旅游者所需要的或者是对旅游者有吸引力的旅游产品。

2.旅游市场发展战略

根据旅游市场学的相关观点,要求旅游目的地推出旅游"拳头产品",作为旅游市场营销的物质基础。要研究旅游目的地的市场优势产品在同类旅游产品中的地位和知名度,选择旅游知名度高、旅游吸引力强的优势产品作为旅游"拳头产品"来开发和规划。寻求旅游"拳头产品",一是从地域分异规律出发,在已有的自然和文化的旅游资源中产生;二是根据区位特点,充分发挥当地的优势,人为创造旅游"拳头产品"。

旅游区划需要以市场为导向,但不能迁就某些旅游者的不良需求,必须努力使旅游项目规划朝着遵循社会道德、法律的方向发展。

(二)供给与需求理论

供给与需求理论是整个旅游经济学中最基础的理论,它主要是运用需求与供给以及均衡价格和弹性的基本概念、基本理论对旅游供给与需求之间的关系进行分析。一般情况下,旅游景区、旅游住宿设施等的旅游供给体系的规划建设都需要运用供给与需求理论,以便能够在对旅游市场进行深入分析、预测的基础上,推动旅游业的健康、可持续发展。

(三)投入与产出分析理论

作为经济学的经典和核心理论之一,投入与产出分析理论在分析旅游业的经济特征中具有重要指导价值。从旅游实践来看,旅游业的发展水平在很大程度上需要当地经济发展水平的支撑,旅游活动开展所需的交通、通信行业的支持,这些大多并非是直接投入旅游行业中的,但却与旅游行业的发展息息相关,因此,在进行旅游区划时必须进行投入与产出的分析,所以有关旅游行业的投入与产出分析理论便逐渐产生。

（四）资源价值理论

旅游发展是以各类旅游资源为基础的，客观认识各类旅游资源的特征、价值，保护、利用和管理好旅游资源，是开展好旅游区划的重要前提。因此，将它运用于旅游资源学研究领域，主要是对旅游资源进行具体的研究，以便促进旅游资源的合理开发和利用。

（五）消费经济学理论

消费经济学是经济学理论体系的一个重要组成部分，将它运用于旅游经济学研究领域，主要是研究旅游业在扩大内需、刺激消费方面所发挥的独特作用，以便为分析旅游产业的发展提供一定的借鉴。

（六）产业经济学理论

产业经济学理论主要是研究生产相同或具有高度替代性产品的旅游企业之间的垄断、竞争关系。从某种角度来说，产业经济学理论的本质是以微观经济学为基础的应用经济学，我们可以将其看作是研究旅游产业内企业之间的不完全竞争经济学（包括市场结构、市场行为、市场绩效等方面及其相互关系）。

二、区域经济学理论

在当今学术界，区域经济学理论主要包含旅游区位理论、集聚经济理论、增长极理论、梯度理论等内容。

（一）旅游区位理论

旅游区位理论是由区位论发展起来的。区位论是关于人类活动的空间分布及其空间中的相互关系的学说，是研究经济活动最优的空间理论。区位论思想起源于政治经济学对区位问题的研究,1826 年,J. H. V·杜能在其著作《孤立国同农业和国民经济的关系》中较系统地提出了农业区位论,此后,德国经济学家韦伯又创立了工业区位论。他们的理论为早期区位理论的建立奠定了基础。进入近代以后,区位理论的研究从生产布局的成本最小化转到了生产布局的市场范围最大化,开始注重商业、贸易、城市、交通等理论的研究,推动了市场区位理论、中心地理论、运输区位论等的诞生。第二次世界大战以后,区位理论研究的特点主要表现在对多种成本因素的综合分析,既包括各种经济性成本要素,也包括其他非经济性的成本要素,如制度、文化、心理、军事等因素。

从旅游业的发展来看,一定的旅游区域范围内往往会存在一个旅游中心地。旅游中心地与其周边旅游地在空间上存在着接待服务、信息服务等与旅游活动密切相关的联系,这样就形成了中心结构的旅游地系统(图 3-1)。

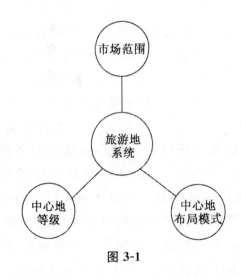

图 3-1

从空间区域范围来讲,区位理论在旅游区划中的应用,主要体现在旅游活动中,旅游活动的三个层次(区域、旅游地、旅游点)与旅游区划的区域旅游区划、旅游地规划和旅游点规划三个层次相吻合。但是,区位对旅游区划的作用主要通过区位因子表现出来,这些因子主要有自然、资源、交通、市场、人力、集聚、经济、社会等。在旅游区划中寻求区位优势,就是分析各个区位的因子优势和整体优势。因为区位的优劣反映了人们进入旅游目的地方便程度的大小,影响到旅游市场的大小和旅游可进入程度,决定来访游客的多少,最终决定旅游经济效益的大小。

区位优势要求旅游区划注意选择最佳的旅游设施和最佳的观景点场所,要求旅游区划以方便游客、为游客服务、利于保护旅游资源、提高土地的利用效率等为原则,进行旅游设施场所选择和旅游产业布局。

(二)集聚经济理论

1.集聚经济理论中的"集聚经济效益"

集聚经济理论观点认为,产业在地理上的有效集中可以获得集聚经济效益。从根本上来说,产业的集中必然会在一定程度上造成资源的集中,因而往往能够形成一个区域生产系统。在这个区域生产系统内,企业由于与其他关联企业在地理位置上的接近,在一定程度上改善了自身发展的外部环境。

在旅游业领域同样存在着集聚经济效益,这具体表现为旅游企业之间的集聚以及旅游业与相关产业之间的集聚。在同一个旅游区范围内,集聚了提供相同和不同旅游服务的企业,这些企业之间相互依存、互为补充,由此就形成了旅游集聚规模经济。这种旅游集聚规模经济的好处主要体现在以下两个方面。

一方面,由于同一区域内的所有旅游企业能够共享旅游基础设施和旅游市场,可以提高资源的利用效率和利用程度。

另一方面,各个旅游企业共同组成的区域整体旅游形象,又增加了区域整体旅游吸引力,扩大了共同的旅游市场,又会带来更大的经济效益。

2.集聚经济理论在旅游区划中的应用

集聚经济理论在旅游区划工作中的合理应用,有利于形成互补联动的旅游产业群,从而获取旅游要素集聚经济效益。对于旅游目的地来说,集聚经济效益可以分流客源,减少游客对某一目的地资源的压力和破坏;对于旅游者来说,他们有选择更多旅游目的地的机会,可以使他们减少交通时间。从整体上来看,旅游产业合理的集聚布局主要体现为以下五个方面(图 3-2)。

第一,降低基础设施成本,提高使用效率。

第二,吸引游客,增加经济效益。

第三,有利于文化交流,形成特有的旅游吸引物。

第四,有利于集中保护环境,集中进行管理。

第五,便于旅游地整体形象的构建以及统一的宣传。

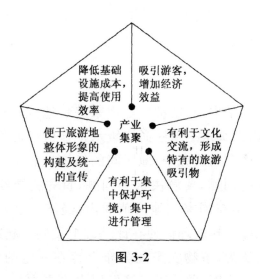

图 3-2

值得注意的是,旅游产业集中产生的集聚经济效益,同时也会因为"集聚"带来污染的集中、交通的拥挤,以及水、电供应不足、土地价值上涨等问题,因而在旅游区划中要有具体的管理措施。所以,在旅游区划中,是集中布局还是分散布局,需要以旅游承载力为出发点,除了考虑自然资源承载力、社会承载力之外,还需考虑管理承载力,考虑管理能力所能承受的游客数量极限。

(三)增长极理论

增长极理论观点认为:一个国家要实现平衡发展只是一种理

想,在现实中是不可能的,经济增长通常是从一个或数个"增长中心"逐渐向其他部门或地区传导。从这个角度出发,国家的发展应选择特定的地理空间作为增长极,以带动全国各地区经济发展。

在旅游区划工作中,增长极就是旅游地和旅游城市。由于旅游地和旅游城市在经济发展水平、地理位置等方面的实际状况不同,因而其辐射范围也就存在大小之分。因此,在区域旅游发展过程中,必须注意培养旅游发展的增长极,借此带动整个区域旅游的发展。一般来说,在对某一区域的发展进行布局时,会集中人力物力资源把那些旅游资源价值大、区位条件好、社会经济发展水平高的旅游地和旅游城市作为旅游经济增长极来进行重点开发。

(四)梯度理论

在生产布局学中,梯度被广泛用来表示地区间经济发展水平的差别,以及由低级水平地区向高级水平地区过渡的空间变化历程。在现代生产布局研究中,地区间的经济发展不平衡现象成为一个非常普遍的问题,要解决这一问题,首先需要绘制地区经济发展梯度图,表明在国家或地区范围内,经济发展水平由高到低的梯度变化状况。梯度理论便在此基础上发展了起来。

梯度理论认为,事物在空间分布上存在一定的梯度,旅游发展过程中也存在梯度,即旅游经济发展水平在空间上呈递增或递减现象,其表现往往是由旅游中心城市或重点旅游地向周围呈递减分布。但与此同时,旅游的快速发展又在使这种梯度在逐渐向外推移,即向梯度差较小的方向,或向引力大于斥力的方向推移,而中心城市和重点旅游地则向更高的梯度发展。因此,在进行旅游规划时,就需要充分考虑到旅游发展的梯度,遵循其发展的规律。

三、旅游产业理论

作为一种多数人参加的社会经济现象,旅游因经济效应显著,产业化速度越来越快。在这种形势下,将旅游产业作为一个整体进行研究便成为一种必然,旅游产业理论也在此基础上形成与发展了起来。具体来看,旅游产业理论又包含以下两个理论要点。

(一)竞争力理论

竞争力是通过参与者双方或多方的角逐或比较而体现出来的综合能力,它是随着经济全球化的深入以及市场竞争剧烈程度的增强而发展起来的。竞争力理论认为,一国或一个产业的竞争力由要素条件、需求条件、相关产业与辅助产业状况和企业策略、结构与竞争者,以及相遇和政府要素构成(图 3-3),它能够使资产和生产过程结合在一起,在市场上均衡地生产出比竞争对手更多的财富。

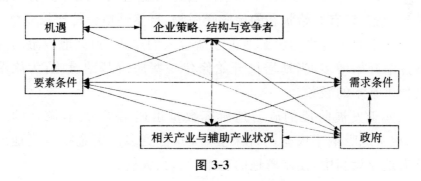

图 3-3

竞争力理论的提出也为旅游区划的科学性做出了一定贡献。首先,它能够为规划者分析目的地的旅游竞争力提供一定的工具,使旅游区划更科学、合理。其次,它能够为旅游发展战略的制定提供必要的依据,为实现旅游目的地经济、社会、环境效益和可持续发展提供向导。可见,进行旅游区划时,规划者也必须掌握必要的竞争力理论,以便最终提升旅游区或旅游企业的竞争力。

(二)旅游地生命周期理论

旅游地生命周期理论是描述旅游地演进过程的一种理论。这种理论认为,旅游地的发展会经历发现—成长—衰落的过程,巴特勒进一步发展了这个过程,将其细分为探索—起步—发展—巩固—停滞—衰落或复苏六个阶段(图3-4)。

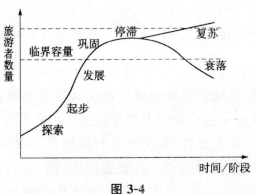

图 3-4

在这六个阶段中,处于探索阶段的旅游地没有或很少有旅游基础设施,只有原始状态的旅游吸引物,自然环境保持比较完整。

处于起步阶段的旅游地正逐渐被人们认识,到该地旅游的人数逐渐开始增多,当地居民开始修建一些旅游基础设施,为旅游者提供基本的服务。

处于发展阶段的旅游地游客数量迅速增长,随着游客的增长,旅游地吸纳了大量的外来资金,并将更多的资金投入当地的旅游地建设当中,使旅游地的基础设施大大优化。

处于巩固阶段的旅游地的游客数量增长速度减慢,但总量依然较大,当地的经济发展与旅游业息息相关,当地居民虽然充分了解了旅游业的重要性,但对日益增多的游客却产生了一种仇视的情绪。

处于停滞阶段的旅游地的游客数量大大超过了旅游地的环境容量,从而使旅游地产生了一系列的社会、环境、经济问题,旅游业的发展开始严重依赖回头客,面临着诸多方面的压力。

处于衰落阶段的旅游地一般很难再吸引游客到来,旅游业在当地经济发展中的重要性不断降低,旅游业不得不走向衰落。而处于复苏阶段的旅游地一般会通过新的手段和方法创造新的旅游吸引物,使不断衰败的旅游业渐渐复苏。

旅游地生命周期理论对于旅游区划有重要的作用,这主要体现在以下三个方面。

第一,旅游地生命周期理论可以通过预测旅游地的发展走向,指导旅游地营销策略,从而达到延长旅游地生命周期的目的。

第二,旅游地生命周期理论为旅游区划的调整提供依据。旅游区划在实施一段时间后往往要根据实施情况进行一定的调整,以便适应旅游地的发展,而旅游地生命周期理论则为其调整提供了很好地依据。

第三,旅游地生命周期理论有助于目的地管理和营销机构凭借旅游地已有的旅游吸引物来类推即将开发的新的旅游吸引物可能产生的绩效,以及旅游地是否有必要根据一些典型的迹象①来开发新的旅游吸引物。

可见,进行旅游区划时,规划者也必须掌握必要的旅游地生命周期理论,以便根据旅游地所处的阶段及时进行适应性的调整、开发、拓展与深入,以提高旅游地的接待能力,改善旅游地的服务设施,进而延长旅游地的生命周期,实现经济、社会、环境效益的最大化。

四、旅游地理学理论

旅游地理学是地理学与旅游相结合的产物,是地理学的一个分支,其是随着旅游业的不断发展而产生的。旅游地理学的出现满足了旅游业的一些实际需要,它从诞生之日起就是为旅游业服

---

① 这些迹象包括旅游者数量是否稳定、旅游者增长数量是否稳定、旅游者的重游率是否高等。

务的。客观来说,旅游地理学所研究的都是一些很实际的问题,如对国家公园和其他公共场所的开辟与容量的估算进行研究,对度假区的发展和定位进行研究,对旅游流的测定和预报技术进行研究等。

五、环城市游憩带理论

环城市游憩带理论是在 J. H. V·杜能的圈层布局理论的基础上形成的。J. H. V·杜能在研究工业生产布局理论时,提出从城市向外延伸,不同距离的地方适宜的生产方式是不同的,因而他以城市为中心,"根据农业耕作序列",将城市由里向外依次分为六个圈层,即"自由农作、林业、轮栽作物制、轮作休闲制、三区农作制、畜牧"①。杜能的这一理论观点在旅游区划中得到了一定的体现,并最终形成了环城市游憩带理论。

1999 年,北京大学旅游研究与规划中心主任吴必虎在杜能的圈层布局理论的基础上提出了环城市游憩带理论,该理论指出在大城市郊区存在一个环城市游憩带,它主要由城市居民光顾的游憩设施、场所和公共空间以及位于城郊的外来旅游者经常光顾的各级旅游目的地共同组成。环城市游憩带实际上是投资者和旅行者妥协的产物,它位于郊区,土地租金低、旅行成本少,因而给投资者和游客的压力都较小,所以发展较快。但需要注意的是,环城市游憩带常常并不受行政区域的限制,有时会覆盖周边省市。

环城市游憩带理论的提出对于区域旅游区划具有一定的指导意义。在旅游区划的空间结构分析中,城市处于核心地位,其不仅是旅游的客源地,在很多情况下也是重要的旅游吸引物,因此也会成为重要的旅游目的地。城市化进程对城市的旅游环境具有双重作用,既有有利的一面,也有不利的一面。有利的一面

---

① [德]J. H. V·杜能著,吴衡康译:《孤立国同农业和国民经济的关系》,北京:商务印书馆,1997 年,第 202 页。

在于城市化改善了交通和通信条件,改善了旅游综合接待能力,也提高了居民的生活水平,给旅游业发展创造了更多的机会;不利的一面在于城市化造成了交通拥挤、环境污染,并且破坏了许多重要的旅游资源,对旅游业造成了压力。在这样的背景之下,城市近郊的娱乐带便有了发展的契机,对于旅游区划来说,环城市游憩带的规划也是一个很重要的内容。

六、三元理论

三元理论是由同济大学刘滨谊教授在切身体会旅游与景区规划的实践以及对人类聚居环境学的系列理论进行研究和思考后提出来的。

在内容上,该理论将理论规划的内容划分为旅游、景观和生态三个部分,并以旅游(指以旅游为核心的群体行为心理规划和项目经营)、景观(以景观规划为核心的优美的旅游景观环境形象创造)、生态(以生态为核心的旅游环境生态保护)为要素,把景观经济、社会、环境的三大效益评价与景观规划设计关联的各个要素挂钩量化,寻求发现满足社会市场需求的中国景观规划设计的内在规律。其中,旅游规划的核心是旅游资源(包括自然和人为创造两种类型);景观规划(又称为风景园林规划)的核心是对旅游项目、游客的活动、基础设施建设这三者进行空间布局、时间分期、设施设计,统称规划;生态规划的核心是对旅游区、旅游地的自然要素环境与因旅游开发建设而引起的影响进行识别、分析、保护规划。

在实践上,该理论认为旅游区划的实施具有五方面的特征,具体表示如下。

(1)旅游区划分为区域、景区、景点三个层面。

(2)旅游区划具有区域上注重旅游资源、总体上注重布局、选择上注重景点与项目策划三个重点。

(3)旅游区划一般有发展规划、总体规划和详细规划三个阶段。

(4)旅游区划一般会经过策划、规划设计和管理三个过程。

(5)旅游区划设计旅游游憩学、景观园林(包括建筑、规划、园林)、环境艺术三个学科领域。

三元理论还认为,任何一个时代的风格和现代意义上的成功,都包含着对这三个方面的追求和思考,所不同的是视具体规划设计的具体情况,三个要素的比例、侧重有所不同而已。根据三元论,在旅游区划中,不同的侧重点成为不同的旅游区划派别,具体来说有以下几种。

(1)以旅游策划为核心,重在大众行为心理景观策划的游憩流派。

(2)以景观规划和环境艺术设计为核心,重在空间规划布局与景点设计的景观流派。

(3)以旅游资源、环境生态保护利用为核心,重在自然生态的生态流派。

这三种流派代表着现代旅游区划学科领域的发展方向。

七、旅游平台模块理论

旅游平台模块理论是在旅游项目开发的过程中发展起来的一个理论。该理论认为,在进行旅游项目开发的规划设计时,应根据项目内容的性质,将项目划分为硬件设施[①]和软件内容[②]两方面,由硬件构成项目的文化基础和项目平台,由软件构成项目的内容,如图 3-5 所示。其中,硬件设施为软件内容的开发提供了文化的主题和项目开发的环境,软件则是在硬件设施的基础上开

---

① 在旅游平台模块理论中,所谓的硬件设施是指项目基础条件、固定设施、项目场所等不动资产,如山林、水源、溶洞、建筑、道路、公共设施、大型的娱乐设施。硬件设施是项目的基础条件,是相对不变的。

② 在旅游平台模块理论中,所谓的软件内容是指在硬件设施和主题文化基础上所开发出来的旅游项目,如景点内容、娱乐项目、文艺活动等。软件是项目的内涵部分,具有可塑性,可以根据项目的实际需要进行设计和调整。

发出项目的内容。硬件设施通过软件内容来体现,软件内容的开发依赖硬件设施,硬件设施只有在软件内容的配合下其魅力才得以充分体现,才具有生命力。

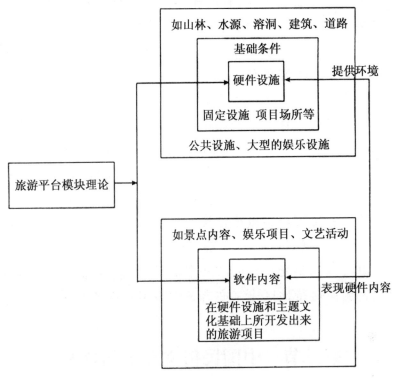

图 3-5

旅游平台模块理论以项目主题文化为基础,遵循"一对多,自由扩展"的设计理念,从一个相对固定的基础设施入手,开发出众多的项目内容,并根据需要对各项目内容进行适当调整,从而使景点不断焕发亮点。换句话说,旅游平台模块理论提倡将项目内容进行拓展延伸,以突破传统的一对一的开发模式,形成一个无限延伸的理想开发环境,让项目具有了可塑性,同时,这样规划出来的项目内容可以根据时代要求和旅游需要进行适度的调整,从而具有了生命力。

在这里需要注意的是,由于旅游平台模块理论的规划设计是系统集成式项目开发,对规划设计人员素质要求较高,因此规划的设计人员必须有很宽阔的专业知识面,需要涵盖人文文化、社会科学、历史、宗教、天文、地理、军事、农、林、牧、副、渔、物理、化学、光学、电子、光电、信息、园林建筑等众多专业学科,此外还需要具有一定的创新能力,只有这样才能够设计出符合要求的旅游区划方案。

八、可持续旅游理论

旅游区划既要保持经济的增长,又不能破坏环境造成生态失衡,同时还要兼顾社会文化等因素,不造成本地资源的损害和流失,因此进行旅游区划必须坚持可持续发展战略,应用可持续旅游理论。

可持续旅游理论是以可持续发展理论为基础发展起来的,它提倡可持续发展的概念,对经济不断增长的必要性提出质疑,要求人们以长远的眼光从事旅游开发活动,以确保旅游活动的开展不会超越旅游接待地区未来亦有条件吸引和接待游客的能力。

第二节　中国民俗文化旅游区划

民俗旅游资源具有典型的区域特征。一般来说,不同地区的民俗旅游资源在内容、形式、种类等方面都存在着明显的区别。根据民俗旅游资源的区域特征,我们可以把中国划分为九个民俗旅游区,即东北民俗旅游区、华北民俗旅游区、西北民俗旅游区、华东民俗旅游区、中南民俗旅游区、华南民俗旅游区、西南民俗旅游区、内蒙古民俗旅游区和青藏高原民俗旅游区。这种区域方案属于综合性区划和认识性区划,区域之间的分界采用了行政区划的界限,不同区域之间截然分开,而实际上民俗旅游区之间的界限是比较模糊的,相邻的民俗旅游区之间往往存在较大的过渡地带。

一、东北民俗旅游区

东北民俗旅游区主要包括辽宁、吉林、黑龙江三个省份。东北地区平原辽阔、森林密布,夏季短暂而凉爽,冬季寒冷而漫长。从整体上来看,东北民俗是当地自然条件、生产方式、民族结构和文化融合的产物,其基本格局是以汉族为主体,兼有其他少数民族的民俗风情。在旅游文化方面,东北民俗旅游区的特色主要表现为以下几个方面。

(一)冰天雪地中的衣、食、住、行

由于地理位置特点,东北地区的气候比中国大多数地区要冷,在冬天积雪消融速度较慢,可谓是冰天雪地。从衣食住行方面来看,东北民俗旅游区主要表现出以下几个特点。

第一,东北人的冬季服饰最能体现当地服饰民俗的特征,既要保暖御寒,又要美观大方。通常情况下,人们穿棉衣、棉裤、棉鞋,男人戴各种皮帽,女人围上棉或毛的围巾,或者穿皮衣、皮裤、皮鞋或皮靴。

第二,在饮食民俗方面,生活在东北地区的人们偏爱面食,他们最喜欢吃饺子。冬天的时候,由于室外天气非常寒冷,人们喜欢在暖和的屋里躺着,正如俗谚所说:"好吃不如饺子,舒服不如倒着。"较为流行的东北家常菜有猪肉炖粉条、酸菜氽白肉等;最有特色的果品是冻梨。与其他地区相比,东北地区的副食显得较为单调,有白菜、萝卜、土豆、卷心菜等适于储藏的蔬菜。

第三,东北地区的民居大多为三间平房,墙体厚实,中间为厨房,两边是居室,朝向阳光的窗户宽大,适于采光和取暖。这种房屋构造非常好的照顾到了人们的取暖需求。由于火灶与居室的火炕相连,因此把烧菜烧饭和取暖巧妙地结合了起来。

第四,冬季出行时,东北地区的人们主要使用马车、驴车、自行车、爬犁、雪橇或骑马。当路途比较近时,由于地上冰雪较多,

因而很多人宁愿步行以确保安全,而且步行也相对暖和一些。

(二)白山黑水的民族风情

在我国的东北地区居住着许多少数民族的民众,有朝鲜、达斡尔、鄂伦春、鄂温克和赫哲族等。朝鲜族以稻米为主食,爱吃辣椒和狗肉,善于腌制各式咸菜;他们偏爱白色服饰,有白衣民族之称。赫哲族以渔猎为生,以鱼肉为主食,生鱼是最上等的菜肴,喜爱穿鱼皮的衣裤、鞋袜。鄂伦春族和鄂温克族是以狩猎为生的民族。他们信奉萨满教,在每年的农历四月,他们都会举行祭神敬神会。达斡尔族是农牧结合的民族,他们平常喜欢吃泡牛奶的热稷子饭,喜欢歌舞,每年七八月间举行敖包会。

(三)独具特色的冰雪节日

东北地区的冰雪节日,主要有哈尔滨冰雪节和吉林雾凇冰雪节。冰雪节以冰雕和雪雕艺术,以及滑冰、滑雪、冬泳等冰雪运动为主,观赏性与参与性并重。[①] 这些冰雪节日及其相关的活动集中体现了东北地区的冰雪奇观、冰雪艺术和冰雪运动。

二、华北民俗旅游区

华北民俗旅游区主要包括北京、天津、河北、河南、山东等五个省市。在中国历史上,华北地区是中华民族的一个非常重要的发祥地,是中华文明的摇篮。总而言之,华北地区历史悠久,物产丰富,民俗事象丰富多彩,具有大量的民俗文化旅游资源。在旅游文化方面,华北民俗旅游区的特色主要表现为以下几个方面。

(一)古迹众多,建筑民俗丰富多样

华北地区是中华民族先民的主要活动区域,北京人至少在 20

---

① 张德成:《黑龙江滑雪旅游的现状及发展态势》,旅游学刊,1998 年第 5 期。

万年前就在这里生产、生活。从旧石器时代起,众多的文化遗址遍布华北大地,如龙山文化、仰韶文化、大汶口文化等。除此以外,华北地区还集中了多种多样的民俗建筑,如北京的四合院、胡同,河北的赵州桥,以及农村地区的瓦房、草房、泥顶房。

(二)驰誉中外的曲艺和民间艺术

在华北地区的民间戏曲有京剧、评剧、河北梆子、河南梆子、豫剧、京韵大鼓、山东快书、山东梆子、山东大鼓、相声等,深受各地人民的喜爱。中国四大年画中心,华北就有两个:天津的杨柳青和山东潍坊杨家埠。河北吴桥县是名扬中外的杂技之乡,杂技艺术非常普及,而且名家辈出。潍坊的风筝、天津的泥塑和砖雕、唐山的皮影、蔚县的剪纸、洛阳的唐三彩、临汝县的汝瓷、禹县的钧瓷等,都是华北地区民间艺术的典型代表。

(三)中国功夫,名扬天下

华北是武术之乡,很多地方尚武成风。少林武术,历史悠久,博大精深,集中国武术外家功夫之精华。与少林武术齐名的陈氏太极拳,在国内外都有广泛的影响。此外,河北沧州自明清以来就是著名的武术之乡。现在沧州武风依然兴盛,各类武术学校遍布城乡。[①]

三、华东民俗旅游区

华东民俗旅游区主要包括江苏、浙江、江西、安徽和上海等五个省市。在当前阶段下,华东地区是中国的经济文化中心,该地区水网密集,交通便捷,工农业生产水平处于全国领先地位。我国的华东地区自然风光秀丽,人文景观丰富,是令人向往的旅游目的地之一。在旅游文化方面,华东民俗旅游区的特色主要表现

---

① 胡世厚,汤彰平,杨梅中:《河南风物志》,郑州:河南人民出版社,1985 年,第268 页。

为以下几个方面。

(一)精巧的民间工艺

苏州的宋锦、南京的云锦和四川的蜀锦并称三大名锦。苏绣是苏州一绝,已有 2 600 多年的历史,宋代就曾设立绣局,专管苏绣生产。在北宋时期,江西景德镇就以瓷器闻名,景德镇瓷器瓷质缜密,色泽晶莹,造型优美,装饰典雅。其中,青花瓷器、青花玲珑瓷器、粉彩瓷器和颜色釉瓷器被称为景德镇四大名瓷。江苏宜兴以陶器制作著称,均陶、紫砂陶、精陶是当地的主要产品。扬州漆器在我国古代业非常有名,其主要品种有百宝镶嵌、螺钿、刻漆、彩绘勾雕、骨石镶嵌等。造型古朴典雅,做工精巧,纹样优美。浙江东阳是木雕的传统产地,被称为"雕花之乡"。东阳木雕多以历史故事和民间传说为题材,图案采用满花手法,画面布满花纹,艺术风格独特,产品多为日常生活用品。安徽皖南地区的文房四宝,宣笔、宣纸、徽墨和歙砚,唐代以来流传天下。

(二)民间戏曲,奇葩争艳

华东地区是南戏的故乡,宋代和北方杂剧遥相呼应,浙东沿海产生了南戏,又称温州或永嘉杂剧。越剧、黄梅戏、绍剧、沪剧、扬剧、锡剧、淮剧、花鼓戏等为人们所喜爱。江南丝竹演奏以笛、萧、二胡、琵琶和古筝为主,曲声细腻、婉转、悠扬。

(三)精美的茶丝产品

在历史上,华东地区一直是中国的丝绸业和茶业的中心。桑蚕养殖主要集中在太湖流域,形成了很多有关桑蚕生产的民俗事象,如嘉兴地区的戴蚕花、祀蚕神、接蚕花等,湖州地区的祭嫘祖和蚕花娘娘、点蚕花灯、过蚕花生日、预卜蚕事等。时至今日,江南丝绸不但在国内受到广大民众的追捧,而且畅销世界。茶叶生产遍及华东,西湖龙井、黄山毛峰、庐山云雾、太湖碧螺春、苏州茉莉花茶、祁门红茶等名茶饮誉海内外。

四、华南民俗旅游区

华南民俗旅游区主要包括广东、广西、福建、海南和台湾等五个省和自治区,以及香港和澳门两个特别行政区。华南地区是我国经济特区、沿海开放城市和经济发达地带最集中的地区,具有经济活跃,信息与交通发达等优势。在旅游文化方面,华南民俗旅游区的特色主要表现为以下几个方面。

(一)融会中西、兼收并蓄的粤菜

粤菜是当代中国八大菜系之一。粤菜不仅在国内独树一帜,海外的中国餐馆大多也以粤菜为主。具体来说,粤菜具有三个主要特点。

第一,原料丰富,只要是可吃之物,无一不可入菜。

第二,调料众多,而且惯用复合味调料。

第三,烹饪方法中西合璧,如盐焗、酒焗、锅烤、软炒等西洋烹饪法融入传统方法中,并被发扬光大。

(二)优美的南国音乐和戏剧

广东音乐清新流畅,欢快热烈,是民乐的典型代表。泉州的木偶戏木偶制作精美,形象生动,表演准确、细腻、传神、逼真,具有非常独特的艺术魅力。总的来说,泉州木偶戏可以分为提线木偶和布袋木偶两大类。泉州木偶戏的影响遍及福建、台湾,曾多次荣获国际大奖。台湾的南管源于闽南的南曲,主要乐器有洞管、琵琶、二弦、三弦和拍板,深受广大民众欢迎。弦管歌声幽雅清越,令人悠然神往。

(三)多姿多彩的民族风情

华南地区民族众多,居住着壮、苗、瑶、高山、黎、彝、侗等民族。苗族的服饰和蜡染,侗族的棉布、鼓楼和风雨桥,瑶族的长鼓舞,彝族的十月太阳历、祭公节和打磨秋游戏,高山族的节庆、祭祀、音乐舞蹈,黎族的船形屋和跳竹竿等等,对旅游者都有极大的吸引力。华南地区少数民族的民族风情吸引着无数外乡人来此观光旅游。

(四)五光十色的奇异民俗

客家人是汉族中比较特殊的一支。时至今日,客家话仍然保留了很多汉晋唐宋时代的语法、语汇和语音。民居建筑以土楼为主,造型奇特,规模庞大,往往是举族聚居。男子外出谋生,女子进行田间和家务劳动。

惠安女子服饰在海内汉族中可谓独此一家。民谣称其为"封建头,民主肚;节约衫,浪费裤"。惠安的婚俗采用传统的不落夫家的婚姻形式。结婚以后,在没生孩子前,女子不能住进丈夫家。

在港澳地区,由于该地区在近代遭受殖民统治,因而体现出中西交汇,五方杂处,民俗驳杂的特点。各种宗教在这里友好相处,民间信仰见缝插针。各种宗教及社会团体花样繁多,语言则在广东话中夹杂英葡语汇语法。

五、西南民俗旅游区

西南民俗旅游区主要包括四川、重庆、云南和贵州等四个省市。西南地区地形崎岖,气候多变,自然条件复杂,民族众多。由于地形、气候等原因,西南地区交通不便,民俗分布错综复杂且区域狭小,很难对其进行普遍性的典型概括。在我国的西南地区,居住着30多个少数民族,各民族的文化传统千差万别。但是,他们生活在共同的自然环境下,有着相似的生产方式,再加上各民族之间的频繁交流和中原文化对该地区的辐射,使西南地区形成了大量相同或相似的民俗事象。在旅游文化方面,西南民俗旅游区的特色主要表现为以下几个方面。

(一)民族风情,中国之最

西南地区的少数民族众多,民族节日也非常丰富多彩。许多节日的活动内容都是文化艺术和体育运动的盛会,如藏族的央勒节、白族的绕三灵、纳西族的七月会、景颇族的放纵戈、傈僳族的刀杆节等等。各民族服饰绚丽多彩,造型奇特,制作精美。

西南地区可以说是到处都有动人心弦的民族歌舞,如彝族的民歌、侗族的行歌坐月恋歌,歌声质朴清新,像山野的清风,让人百听不厌。西南地区的少数民族舞蹈种类繁多,如彝族的阿西跳月、丝弦舞和铜鼓舞,傣族的孔雀舞和象脚鼓舞,拉祜族的芦笙舞,哈尼族的扇子舞,瑶族的铜铃舞,纳西族的东巴舞,傈僳族的琵琶舞等等。孔雀舞因其意境优美,舞态多姿,程式规范,曾多次获得国内外的艺术大奖。

西南地区的民居建筑多种多样,如彝族的土掌房、白族的三坊一照壁、傈僳族的"千脚落地"木楞房、傣族的竹楼等,形式不一,但最普遍的建筑形式大多是干栏式或吊脚楼。

从整体上来说,西南地区民间信仰的内容、形式和仪式复杂多样、千差万别。但该地区宗教色彩淡薄,更多的是属于多神崇拜和祖先崇拜,如羌族的白石信仰、瑶族的盘王信仰、彝族的火神信仰、苗族的巫鬼崇拜等。

(二)民间工艺,百花争艳

蜀锦的历史已有 1 000 余年,根据其图案可以分为方方、雨丝、条花、散花等几类,以几何图案和纹饰结合,构成蜀锦的特点。蜀绣更是有 2 000 多年的历史,是中国的四大名绣之一,以水墨丹青的格调为其特有的风格。贵州苗族、水族和布依族的蜡染,制作精美。黔东南苗族侗族自治州的丹寨是最著名的苗族蜡染之乡,其蜡染工艺品有"东方第一染"之称。云南保山的围棋子被人们称为"云子"或"永昌棋子",是中国最著名的棋子,质地结实,古朴深厚,造型雅致,重扣不碎。

（三）香飘四海的烟酒茶菜和小吃

西南地区物产丰饶，烟、酒、茶、菜天下知名，风味小吃口味独特、种类繁多。川菜也是中国汉族的八大菜系之一，目前已有4 000多个品种，其中名菜就达300余种。川菜以味多、味广、味道多变著称。西南地区名酒众多，光是四川就有五粮液、泸州老窖、剑南春、郎酒、全兴大曲等名酒。云南的土壤气候适于烟叶生长，烤烟和卷烟生产居全国第一。西南地区还是我国重要的茶叶产地之一，较为有名的茶叶有云南的普洱茶、沱茶，四川的工夫红茶、蒙顶茶等。

在整个中国，西南地区的风味小吃数量可以说是最多的。四川的泡菜、赖汤圆、龙抄手、担担面、韩包子、牛肉煎饼、蛋烘糕、油茶、叶儿粑、蒸蒸糕、麻婆豆腐、挂炉鸡、怪味胡豆，云南的过桥米线、汽锅鸡、砂锅鱼、石屏豆腐，贵州的肠旺面、羊肉粉、绿豆粉、花江狗肉等等，这些对于游客们也有着巨大的吸引力。

六、中南民俗旅游区

中南民俗旅游区主要包括湖南和湖北两个省份。湘鄂两省居于中国的中心地带，物产丰富，历史悠久，是中华文化的主要源头之一。在旅游文化方面，中南民俗旅游区的特色主要表现为以下几个方面。

（一）湘绣汉绣，姐妹花开

湘绣产于长沙一带，有2 000多年的历史，主要有日用品和欣赏品两大类。湘绣图案以狮、虎、鸟等动物为主。在针法上，以掺针为主，两针衔接处长短不一，互相交错，因而表现出较强的真实感。汉绣以人物和花卉见长，以平金夹绣为主要表现形式，针法与四大名绣不同。传统产品主要是小件装饰性挂件和戏剧服装。

（二）龙舟竞渡，纪念屈原

端午节是中南地区盛大的岁时节日之一。中南各地会在这一天举行龙舟竞渡，以纪念屈原。竞渡的船只雕成龙形，据说是为了感谢洞庭龙王帮助人们找到了屈原的遗体。最典型的龙舟竞渡以屈原故里秭归和屈原沉江的汨罗为代表。

（三）地方戏曲百花争艳

湖南地方戏有大戏和小戏之分，共有 17 个剧种，5 000 多个剧目。湖南地方大戏中的特色剧种主要有湘剧、祁剧、武陵戏、衡阳湘剧、巴陵戏、湘昆等。湖北有荆州花鼓、天门三棒鼓、通山山鼓等。土家族的"毛古斯"是逢年过节都要演出的小戏，这种戏是以对白为主，中间穿插合唱和对唱。演员全身上下裹着稻草，头上扎上几根草辫，反映原始社会中后期打猎、生产等生产生活场景。

七、西北民俗旅游区

西北民俗旅游区主要包括山西、陕西、甘肃三个省和宁夏回族自治区与新疆维吾尔自治区。这里是全国最大的民俗旅游区，也是仅次于西南的多民族地区。在旅游文化方面，西北民俗旅游区的特色主要表现为以下几个方面。

（一）祖先崇拜的典型

祖先崇拜是中华民族中多数民族的主要信仰，其典型代表莫过陕西黄陵县黄帝陵及其祭祀活动。国务院和陕西省政府每年都要举行盛大的黄陵祭祀，慎终追远，告慰先祖，激励国人。山西洪洞县的大槐树，因为是明初七次大规模移民的出发地，也是许多中国人魂牵梦萦的圣地，每年都有很多人从各地奔赴洪洞，凭吊遗迹，追念祖先。

（二）西北风味的歌舞戏剧

西北民歌高亢奔放，流传最广、深受欢迎的民歌主要有信天游和花儿。信天游又称顺天游或山曲，流传在陕北地区。花儿流传在甘肃、宁夏，深受该地区各民族的喜爱，是一种独具风采的高腔山歌。

在我国西北地区，民间舞蹈的主要形式有秧歌、腰鼓、社火、单鼓舞等。陕北人最喜欢秧歌，称之为闹秧歌或闹红火，每逢春节或丰收，都要举行秧歌活动。腰鼓在全国都有流传，而以陕北的安塞腰鼓最为著名。社火主要是在甘肃和宁夏比较流行，有踩高跷、浪头车、跑竹马、跑旱船、狮子舞、太平鼓、转轮台、空中戏驾和高抬等等具体表演形式。西北戏剧种类繁多，如秦腔、汉剧、蒲剧、晋剧、陇剧、花灯戏、皮影戏等。秦腔是最有代表性的剧种，与京剧、豫剧并称北方三大剧种；与昆腔、弋阳腔、青阳腔并列为我国的四大声腔。

（三）富有特色的衣食住行

西北服饰的突出特点是女子头上多围鲜艳的头巾，男子头上缠着白色的毛巾，回族男子则戴白色的圆顶帽。

西北民众的饮食以面食、醋和牛羊肉为主。羊肉泡馍、秦式月饼、兰州牛肉面、揪面片、水盆羊肉、甘草霜烧牛肉、肉珊瑚、发菜山、涮羊肉、手抓羊肉、红烧羊羔肉、腊汁肉、腊羊肉等肉食，都是西北地区的特色饮食。

西北民居以毡房、木房、土房、石房为主。其中，窑洞最有特色，关中列入八怪之一的"房子半边盖"也颇为特殊。山西的大院也闻名于国内外，素有大院"北在山西，南在安徽"之说。山西大院中比较中名的有祁县乔家大院、渠家大院，长治的申家大院，灵石的王家大院，榆次的常家庄园等。

交通民俗中，西北人喜欢以驴、马、骡和骆驼为工具，水上交通则以黄河上的牛、羊皮筏子最有特色。羊皮筏子是古代沿习至今的摆渡工具,由多个羊皮袋扎成,坐在羊皮筏子上,视野开阔,会有一种"我自端坐,任他风浪"的感受。

八、内蒙古民俗旅游区

内蒙古民俗旅游区主要包括内蒙古自治区。内蒙古高原莽莽,草原辽阔,牧场丰饶,畜牧业发达。这里是很多游牧民族的发祥地,是蒙古族人民世代栖居的故乡。目前,内蒙古是蒙古族的最大聚居地,能歌善舞、剽悍热情的蒙古族民族风情,构成了本区民俗旅游资源的鲜明特征。在旅游文化方面,内蒙古民俗旅游区的特色主要表现为以下几个方面。

(一)一年一度的那达慕大会

那达慕的意思是游戏、娱乐。每年七八月间,草原各地都要举行盛大的那达慕大会。赛马、摔跤、射箭等蒙古族男子传统的竞技项目是那达慕大会的核心。套马、叼羊、长跑、蒙古象棋、歌舞、史诗说唱等,也是那达慕大会上主要的竞技或娱乐项目。

(二)草原歌舞动人心

民歌语言质朴,旋律优美,歌唱茫茫的草原,歌唱自己的生产和生活。通俗幽默的好来宝,是牧民喜闻乐见的民间说唱。著名的民间舞蹈主要有矫健朴实的安代舞、典雅优美的盅碗舞、欢快热烈的筷子舞,史诗《江格尔》的说唱更是隆重热烈。马头琴是蒙古族特有的乐器,音域辽阔低沉,音色柔和优美,琴声悠扬动听。

(三)牧民的信仰与生活

蒙古族的宗教信仰是藏传佛教格鲁派。民间信仰中最重要的是敖包,祭敖包是蒙古族盛大的祭祀活动。敖包是用石块、泥土、柳条等堆积而成的圆锥形的实心塔,顶端竖一根长杆,杆头上系着牲畜毛角和经文布条,四面放着烧柏香的垫石。在祭敖包时,由喇嘛焚香点火,颂词念经。牧民们围绕敖包,从左向右转三圈,求神赐福。蒙古族牧民沿袭祖先的原始宗教信仰,认为山高大雄伟,上有通往天堂的道路,因而崇拜高山。

九、青藏高原民俗旅游区

青藏高原民俗旅游区主要包括青海省和西藏自治区。青藏高原地域辽阔,地势高峻,群山屹立,草原宽广,生活着汉、回、蒙古、藏、土、撒拉等多个民族。在旅游文化方面,青藏高原民俗旅游区的特色主要表现为以下两个方面。

(一)独特的生活习俗

藏族人的生产生活安排,主要以藏历为依据。藏族人的名字多取自佛典,一般是在名前加上出生地或职业。藏族农区以糌粑为主食,牧区以牛羊肉为主食,喜欢喝青稞酒。男女都穿肥大的藏袍,蓄辫,妇女以辫多为美。男子穿裤,女子穿裙,男女均穿氆氇长靴。民居以土、石、木结构的碉楼和黑色牛毛帐篷为主。藏族待客热情,客人进门,就送上奶茶、酸奶,或酥油茶、青稞酒。藏族同胞特别喜欢哈达,把它当作最珍贵的礼物。每当有喜庆之事,或远客来临,或拜会长辈,或远行送别,都要献上洁白的哈达,以表达敬意。

(二)虔诚的宗教信仰

藏族人民笃信喇嘛教。青藏高原寺院数千,著名的寺院有甘丹寺、哲蚌寺、色拉寺、扎什伦布寺和布达拉宫,前来朝觐的香客络绎不绝。玛尼堆处处可见,经文贝页悬于树枝,经幡横挂山口、街道。

第三节　民俗文化旅游区划的价值探讨

民俗旅游区划和旅游业的方方面面都有千丝万缕的联系。

科学的民俗旅游区划可以揭示各个旅游区的民俗旅游资源的特征及组合规律,分析区域的基本优势,探索合理的民俗旅游的区域分工,从而为旅游业生产与销售民俗旅游商品提供科学的依据。在这里,本章内容将对民俗文化旅游区划的价值进行系统且深入的分析与探讨。

一、民俗文化旅游区划是民俗旅游资源开发的基础

民俗旅游资源开发必须制定科学合理的规划,而规划中的大部分内容,如规划的范围、总体项目布局、旅游区主题形象的确定等方面,都与民俗旅游区划有着非常密切的关系。具体来说,这主要体现为以下几个方面。

第一,民俗旅游区划可以为旅游资源的开发规划工作确定出一个合理的区域范围,指明旅游区在全国或地方旅游业中的地位和作用。这就可以为旅游区根据自己的发展条件,制定适宜的发展战略和发展模式提供合理的参考。

第二,在旅游区的开发规划和开发操作中,民俗旅游区划的概念贯彻始终。想要做好旅游区功能区划工作,必须紧密围绕民俗旅游区划的概念、原则和方法。

第三,民俗旅游区划中对区域民俗旅游资源的研究,有助于旅游区旅游项目的选择和项目的总体布局,使旅游项目从点到线,进而联成面,形成以旅游中心为核心的多层次结构,增强吸引力。

第四,民俗旅游区划有助于旅游区主题形象的确立。民俗旅游区的主题形象是形成旅游区竞争优势的主要因素。主题形象必须凸现和依据民俗旅游区的主体旅游资源。研究主体旅游资源的特征、组合规律、地域分布等,正是民俗旅游区划最基本的工作。因此,民俗旅游区划是民俗旅游资源开发的基础。

二、民俗文化旅游区划有利于旅游基础设施的合理布局

民俗旅游发展的基础设施是复杂多样的,其具体包括旅游饭

店、旅行社、旅游交通、旅游娱乐设施,以及供水、供电、通信等。科学合理的民俗旅游区划能够清楚地体现出民俗旅游区的性质、等级、大致客容量、资源特征及开发现状、前景与重点,为旅游基础设施的投资建设及合理布局提供切实可行的科学依据。

三、民俗文化旅游区划有利于旅游企业区位选择

民俗旅游资源的质量决定了民俗旅游商品供给和需求的关系,也同时决定投资和效益的关系。具体来说,民俗旅游资源的质量主要体现在资源本身的特色、组合规律和地域分布状况上。民俗旅游资源的质量高,其商品的市场需求往往也就大,企业也就可以进一步扩大生产,取得更好的投资效益。一般来说,旅游企业为了得到更好的发展,其所选择的民俗风景点或风景区应尽量靠近客源地,并且具有良好的可进入性。

旅游从业者尤其是想要进行旅游投资的人们必须认识到,在同一区域内,必须避免基础设施的重复建设,并使同类企业合理分布,从而力争使民俗风景点或风景区能够形成点、线、面结合的地域分布结构,给旅游者更多的选择余地,增加旅游产品的吸引力。

四、民俗文化旅游区划是民俗旅游线路设计的依据

对于现代人的旅游活动而言,旅游线路设计是为了使旅游者能以最短的时间获得最大的旅游收获,用交通线路把某一区域内的若干个风景点或风景区合理地连结起来。实际设计民俗旅游线路时,必须以民俗旅游区划为依据,重点注意解决以下两个问题。第一,旅游线路的长短应充分考虑旅游者需要的特点。在设计旅游线路时,应该尽量保证用最短的线路,涵盖区域内部最主要的旅游项目。第二,旅游线路的主题内容必须鲜明。民俗旅游线路应当具有自身特色的游览内容,从而形成特色鲜明、个性突

出的旅游线路。

五、民俗文化旅游区划可以为旅游者的决策提供参考

民俗旅游区划对各个旅游区的典型民俗旅游资源和开发现状的研究与介绍,对于旅游者民俗旅游决策有非常实际的参考作用。这种参考作用主要体现为以下几个方面。

首先,旅游者如果有民俗旅游的需要和偏爱,那么他们将面对信仰民俗、生活民俗、生产民俗、节日民俗、民间文艺、民间艺术等一系列复杂多样的民俗旅游商品。如果没有翔实可靠的有关资料,旅游者在进行旅游决策时将陷入一片茫然。在这种情况下,旅游者就需要以民俗旅游区划为指南来确定自己到底对什么样的民俗旅游商品更感兴趣。

其次,民俗旅游区划可以大大节约旅游者收集民俗旅游信息的时间和精力。旅游者如果从民俗旅游区划收集信息,只需花很少的时间和精力,就可以获得大量的可以直接使用的有效的民俗旅游信息。

最后,民俗旅游区划可以减轻旅游者信息分析比较的负担,加快决策过程。民俗旅游区划对各个民俗旅游区的典型资源或商品的总结概括,通过区域之间的相互比较,每个旅游区独具特色的典型资源或商品可以一览无遗。从这个角度来看,旅游者以民俗旅游区划为指南,可以在很大程度上减少旅游者的信息分析工作,加快其旅游决策过程,同时提高其旅游决策的科学性。

第四章 民俗文化旅游产品与项目研究

在我国,随着经济的发展和社会的进步,人们的旅游消费观念发生着重大的变化,体验不同地域特色的民风民俗逐渐成为人们出游的主要目的。对民俗文化旅游产品的消费逐渐成为人们主要的旅游消费形式,因此,民俗文化旅游产品与项目的策划与开发对民俗文化旅游业的发展起着越来越重要的作用。本章内容主要对民俗文化旅游产品与项目的相关问题进行研究。

第一节 民俗文化旅游产品研究

一、民俗文化旅游产品的内涵

民俗文化旅游产品是民俗文化与旅游的有机结合,是以民俗文化为主要内容的新兴旅游产品,它利用目的地民间的日常生活方式及其文化吸引游客,满足不同文化层次的求异需求。

民俗文化旅游产品的内涵,可以从以下三个方面进行理解。

(1)民俗是民俗文化旅游产品的资源基础。民俗文化旅游产品都是从具体的民俗事象中开发出来。例如,民族村寨、民间歌舞、民俗仪礼等具体的民俗,是开发民俗文化旅游产品的重要资源,如果脱离了这些具体的民俗旅游资源,民俗文化旅游产品就会成为无源之水、无本之木。

(2)民俗是民俗文化旅游产品的核心内容。以民俗为核心旅游吸引物是民俗文化旅游产品最突出的特征。例如,上海市曹杨街道举办的"学做一天上海人"活动,主要采用三种方式:第一种是交流式,旅游者走进上海市民家庭,与上海人进行相互交谈;第二种是就餐式,旅游者既可以在上海市民家里吃到地道的上海菜,又可以跟主人学做几道特色小吃或点心;第三种是住宿式,旅游者在上海市民家里居住,主人可以带领他们买菜、逛街。这三种形式都是以上海的都市民俗为核心内容,使旅游者能够体会到上海这一地域的建筑文化、饮食文化等。

(3)民俗文化旅游产品是旅游者的消费对象,能够满足他们的旅游需求。首先,民俗文化旅游产品作为一种特殊的商品,只有在旅游市场的流通过程中,才能实现其自身的价值。民俗文化旅游产品的开发主要是为了保证旅游市场的供给。例如,旅游从业者开发了许多和民俗文化相关的主题公园,以更好地满足旅游者实现自身的消费需求。其次,民俗文化旅游产品能够满足旅游者特殊的旅游需要,为他们提供其他旅游产品无法提供的服务。例如,旅游者通过对民俗文化旅游产品的消费,可以直接了解该地区的社会生活文化。

二、民俗文化旅游产品的特征

民俗文化旅游产品作为一种特殊的旅游产品,除了具有一般旅游产品的特征之外,还由于它所依托的旅游资源的独特性,具有以下四个重要的特征。

(一)地域性

民俗文化旅游产品的地域性是指不同的地域拥有不同的民俗文化旅游资源,从而可以开发出独具特色的民俗文化旅游产品。民俗文化是人们社会生活经验的集中体现,是不同地域以及不同民族的群体适应自己所处特殊的自然环境与社会环境的结果。在社会历史的发展进程中,身处不同环境和不同发展阶段的人们,创造并传承着千差万别的各具特色的民俗文化。民俗文化旅游产品是以各地区、各民族的民俗为资源基础而开发的旅游产品，因而，必然相应地具有鲜明的地域性。某个地域的民俗文化旅游产品，与其他地域的民俗文化旅游产品具有差异性。例如，广西忻城县的莫氏土司衙署在全国17处保存比较完好的土司衙署中，是占地面积和建筑面积最大的，而且是唯一的一座壮汉合璧式建筑，在广西更是仅此一处。近年来，《流亡大学》《石达开》等著名影视作品都在此地取景，因而广为人知。以忻城土司衙署为资源开发的中华土司民俗文化旅游产品，就具有了鲜明的地域性。

（二）通俗性

民俗文化即民间风俗文化，其在人们的日常生活中得到传承，也在人们的日常生活中不断发展、变化。民俗文化是普通民众创造的生活文化，集中体现了民间生活的愿望、理想、情趣、规则等，同时也是普通民众参与社会生活的必要手段，在人们的生活当中发挥着重要的作用。民俗文化是俗文化的代表，与雅文化具有明显的区别。民俗文化直接来源于民间生活，不可避免地混杂着迷信、愚陋、粗野等民间的一些恶习，但这也使它具有一定的通俗性和质朴性。

以民俗文化为资源开发出来的民俗文化旅游产品，它的通俗性特征主要表现在以下三个方面。

第一，反映民间生活的俗文化是民俗文化旅游产品的核心内容。例如，民俗文化旅游表演的歌舞是民间歌舞，而并非芭蕾舞；传唱的歌曲是山歌、民歌，而并非高雅的音乐。民俗文化旅游产品是对民间社会生活的集中反映，旅游者观赏和参与的旅游项目主要由来自民间的风俗习惯组成。

第二，真实而自然的民间生活是民俗文化旅游产品内容和形式的直接来源。民俗文化旅游产品的开发，应该尊重民俗文化的本来面貌，对民俗传统进行真实的艺术再现。例如，对湘西土家族吊脚楼中蕴含的民俗建筑文化的开发，不仅在建筑样式、内部格局上要尊重传统,而且在家具的配置方面,也要尽可能使用传统的竹木家具。又如,山西民居建筑在开发的过程中,将其与晋商文化以及相关风俗融合在一起,形成了民俗博物馆,使旅游者在了解山西民居特色的时候也能对晋商和山西的一些民俗有更为深入地了解。

第三,民俗文化旅游产品具有浓郁的乡土气息和俚俗风味,这也是民俗文化旅游产品不同于其他旅游产品最大的特征,它们集中反映了民间生活的本质性与独特性。例如,洋溢着浓郁的乡土气息和俚俗风味的满族歌舞表演和二人转表演,是辽宁推出的民俗文化旅游的主打品牌,这些表演的内容和形式表现出辽宁人豪爽、质朴、文明的文化人格,受到了国内外旅游者的欢迎。

(三)文化性

民俗文化作为一种普遍而又独具特色的社会现象,具有深厚的历史文化内涵。民俗以最初设定的方式塑造了人们的文化心理,同时又通过特定的表现形式反映了人们的文化心理。民俗是民俗文化旅游产品的直接来源,只有充分反映出民俗文化旅游资源的历史文化内涵,才能获得永久的生命力。作为一种较高层次的文化旅游产品,民俗文化旅游产品的文化性主要体现在以下两个方面。

第一,民俗文化旅游产品应充分反映出民俗的历史文化内涵。民俗文化旅游的实践证明,那些能够充分展示出民俗中蕴含的历史文化内涵的地区或民族,开发出的民俗文化旅游产品往往具有更强的市场竞争力。

第二,民俗文化旅游产品为旅游者与当地居民进行文化交流提供了重要的平台。旅游者通过消费民俗文化旅游产品,能够直接了解到旅游地的历史文化,丰富自己的文化知识,对自己生活的世界有一个更加广泛的认识。当地居民通过与旅游者的交流,也可以拓宽自己的视野,选择性地吸收其他文化,特别是外界的一些先进的事物,进一步促进本地区或本民族经济、社会、文化的发展水平,以便更好地适应快速发展的世界。

(四)变化性

民俗文化旅游产品的变化性是指很多民俗文化旅游产品的形式与内容以及旅游者的消费方都会发生变化。首先,民俗文化旅游产品经常以变化的方式展现在旅游者的面前。虽然民俗文化旅游产品的形式多样,但是,民俗文化作为一种文化形式,它是以人的具体活动为主要载体,也即是说各种民俗事象的本质特征总是通过人们的活动得以体现的。因此,民俗文化旅游产品的形式与内容受到资源特征的影响,具有变化性。其次,现代意义上的文化旅游产品,不同于传统的单纯观赏式旅游产品,越来越强调旅游者对旅游项目的参与。参与性已经成为文化旅游产品的重要特征。民俗文化旅游产品的形式与内容本来就具有变化性的特征,尤其是那些民俗活动类的文化旅游产品,为旅游者提供了其他旅游产品所没有的参与机会。旅游者通过参与的方式,消费大多数的民俗文化旅游产品,能够从中体验到民俗文化旅游的乐趣,了解当地居民的生产、生活方式,领略当地民俗的历史文化内涵。例如,中国北方广大地区流行的民间舞蹈——扭秧歌,由于舞蹈动作比较简单,而且程式化要求不太严格,因此很多人一学就会,还可以自由发挥。旅游者可以参与其中,与表演者一起分享扭秧歌的快乐。

三、民俗文化旅游产品策划

(一)民俗文化旅游产品的分类

1.体验型民俗文化旅游产品

体验型民俗文化旅游产品可以分为民俗度假文化旅游、民俗休闲文化旅游、民俗娱乐文化旅游、专题民俗文化旅游等民俗文化旅游产品类型。构建民俗文化旅游产品要求具备特殊的生态环境条件,产品要带有民俗文化特色的参与性、趣味性、科学性等,具有特色的民俗情调。

(1)民俗度假文化旅游

民俗度假文化旅游分城市民俗度假文化旅游和乡村民俗度假文化旅游。城市民俗度假文化旅游主要是借助城市的旅游服务设施开展,主要内容是城市观光与城市民俗生活体验。乡村民俗度假文化旅游主要是以乡村自然环境与民俗文化为载体构建的民俗文化旅游产品。

国内外民俗度假文化旅游发展的趋向是乡村民俗文化旅游村的度假旅游,主要是因为乡村民俗文化旅游村能够满足游客度假旅游对生态自然环境与特色民俗文化的需求。乡村民俗度假文化旅游要求具有个性化、特色化和生态化的特征。乡村民俗度假文化旅游产品的核心是居住条件和环境,要坚持面向异地游客、服务于民俗游客的基本原则,遵循民居外观传统化、内部装饰地域化、使用功能实用化、生活方式生态化、建设材质本土化、度假氛围生活化、社区环境田园化和组织管理家庭化等八大建设准则,将本土文化全面融入民俗文化旅游之中。

(2)民俗休闲文化旅游

民俗休闲文化旅游产品是一种多元的旅游产品,它可以细分为城市民俗休闲文化旅游产品与乡村民俗休闲文化旅游产品、人文民俗休闲文化旅游产品与生态民俗休闲文化旅游产品、渔家民俗休闲文化旅游产品与农家民俗休闲文化旅游产品等文化旅游产品。

民俗休闲文化旅游产品是旅游者通过体验民俗文化活动达到休闲的目的。例如,2004年10月31日,成都锦里民俗休闲一条街正式开市,其中分布着宅邸、府第、民居、客栈、商铺、万年台等,青瓦错落有致,青石板路蜿蜒前行,具有浓郁的古典古香味。锦里位于武侯祠东侧,全长350米,采用清末民初的四川古镇建筑风格,与武侯祠博物馆现存清代建筑的风格相融,两者之间又以水相隔。游人漫步于青石板路上，欣赏着沿街各式传统民居，品味着传统川味的茶、菜、酒和川戏，享尽原汁原味的四川滋味。锦里民俗休闲一条街是对结合了民俗文化与商业、休闲旅游的民俗休闲文化旅游产品的探索。游人在锦里民俗休闲一条街，还可以住进高挂着丝绸灯笼的客栈，在浓郁的川民俗文化环境中，放松心情，享受休闲。

（3）民俗娱乐文化旅游

民俗娱乐文化旅游是根据不同的民俗文化旅游资源策划不同形式的民俗娱乐旅游项目而达到民俗娱乐目的的产品。例如，根据渔岛捕鱼民俗文化旅游资源可以策划出祭海、游泳、观日出、海滩拾贝、海上垂钓、出海观豚等民俗娱乐文化旅游项目；根据牧业民俗文化旅游资源可以策划出骑马、歌舞等民俗娱乐文化旅游项目；根据农耕民俗文化旅游资源可以策划出编篮子、采野菜、采摘、原始织布、印染、陶器制作等民俗娱乐文化旅游项目。此外，还可以按区域季节策划民俗娱乐文化旅游项目，如夏季可以在南方举办乌篷船、漂流、冲浪等民俗娱乐文化旅游项目；冬季在北方可以策划滑雪、冰雕等民俗娱乐文化旅游项目。

娱乐文化是人们在工作之余，为了放松身心，增加生活情趣的消费项目，它是民俗文化旅游的永恒形式，娱乐文化使人们的生活变得丰富多彩，视野变得开阔。民俗娱乐文化旅游需要提供形式多样和内容丰富的民俗娱乐文化旅游项目，让旅游者在民俗娱乐文化旅游中感受到轻松愉悦。

（4）专题民俗文化旅游

专题民俗文化旅游是根据单项民俗文化资源策划的旅游活动。我国专题民俗文化旅游丰富多彩，组织较为广泛的有民族风情游、民族体育文化游、民间艺术文化游、烹饪文化游、民居文化游、民族杂技文化游、民族村寨文化游等，都取得了很好的成效。

2.服务型民俗文化旅游产品

旅游服务是旅游产品的核心，旅游者购买并消费的旅游产品大多是对接待服务和导游服务的消费。民俗文化旅游服务应学习和借鉴成熟的旅游产业服务经验,进而形成具有民俗文化特色的旅游服务产品。对服务型民俗文化旅游产品的开发应注意以下几点。

第一,民俗文化旅游产品应体现民间待客如宾的服务观念、服务态度和服务技术。服务集中体现为人与人之间的关系,服务观念在民俗文化旅游服务工作中发挥着重要的作用。而我国民间待客一直尊崇着待客如宾的理念,因此服务型民俗文化旅游产品的开发要树立待客如宾的服务观念,具有积极主动的服务精神和服务态度,服务人员应对旅游者表示尊重和理解,表现出自身的气度修养和文明素质。另外,服务技术是从事服务工作的基础,服务技术水平的高低就成为评判服务质量的标准。民俗旅游地可以根据特有的待客习俗,规范旅游服务技术的要领、程序与标准,具有区域性、民族性和艺术性,使游客获得高质量的旅游服务。

第二,设计和建设具有民俗文化特色的服务设施、服务项目和制定优惠的服务价格。民俗文化旅游服务的住宿、餐饮、厕所等各种设施,需要体现区域和民族民俗文化特色,这是民俗文化旅游服务的物质基础,同时也能增强民俗文化旅游的吸引力。民俗文化旅游服务项目的设计应体现出民俗文化多元性的特点,扩大和深化民俗旅游服务项目,为旅游者提供既具有民俗性,又亲切、便利的服务形式和内容。民俗文化旅游的服务设施、服务项目,大多来自本区域、本民族,或者是家族成员,其服务价格成本较低,因此,民俗文化旅游应该是一种实惠的旅游,民俗文化旅游产品应该通过实惠的服务价格和具有民俗文化特色的服务设施、服务项目来吸引游客,进而获得发展。

第三,民俗文化旅游服务作为一种消费产品,服务质量需要获得保障,应具有良好的售前服务、售中服务和售后服务。民俗文化旅游产品的售前服务需要为旅游者提供旅游活动前的准备性服务,包括民俗文化旅游产品的设计、旅游线路的安排、民俗文化旅游须知等;售中服务是在旅游活动过程中向旅游者直接提供具有民俗文化特色的食、住、行、游、购、娱等服务;售后服务是当旅游者在结束民俗文化旅游后,需要离开目的地时的服务,可以策划带有民俗文化情调的送别宴和送别仪式,祝福旅游者前程,欢迎旅游者再来。旅游服务质量是一种生产力,尤其是带有深厚民间情意的民俗文化旅游服务,将会扩大民俗文化旅游的影响力和知名度,推动民俗文化旅游的发展。

(二)民俗文化旅游产品策划的原则

策划是人们在实施某项具体的活动前进行的谋划和计划活动,是在对各种因素进行综合考虑的基础上,制定出一套具有创造性、时效性、可行性的方案,使活动获得最大的效益和价值。民俗文化旅游产品策划主要是对民俗文化旅游目的地能提供的旅游消费产品的策划,主要包括旅游项目的策划、线路组织的策划、旅游基础设施与旅游服务的策划等,文化创意在民俗文化旅游项目策划中具有重要的作用。

在民俗文化旅游产品的规划中,无论是对民俗文化旅游地的开发,还是对民俗文化旅游路线的组合,都应充分考虑市场需求、市场环境、投资风险、价格政策等因素。为此,民俗文化旅游产品策划必须遵循以下原则。

1.市场导向原则

拥有丰富的民俗文化旅游资源并不等于拥有民俗文化旅游产品,对民俗文化旅游产品的开发必须树立市场观念,将旅游市场需求作为民俗文化旅游产品策划的导向,而不能从领导者的主观要求和规划者的主观想象出发。

民俗文化旅游产品策划的市场导向原则主要表现为以下三点:一是根据社会经济发展水平,进行民俗文化旅游市场定位,确定客源市场的目标主体和重点,明确民俗文化旅游产品开发的市场针对性,提高旅游市场的经济效益。二是在民俗文化客源市场定位的基础上,对旅游市场的需求和供给进行调查和分析,对目标市场的需求特点、规模、水平以及变化规律和发展趋势有一个清楚的认识,策划适销对路的民俗文化旅游产品。三是针对客源市场的需求,对初步策划出的民俗文化旅游产品进行筛选,并进行文化创意加工,然后设计、开发和组合成具有竞争力的民俗文化旅游产品,最后推向市场。

另外,应对旅游产品的市场生命周期进行跟踪分析和预测,根据不同时期民俗文化旅游市场的变化和需求,及时开发出适销对路的新产品,并对老产品进行改造和完善,从而保持民俗文化旅游业的持续发展。总而言之,树立市场观念,以市场为导向,才能使民俗文化旅游产品具有强大的生命力和发展的潜力。

2.三效益原则

民俗文化旅游涉及经济发展、社会发展、文化发展和文化环境保护等多个方面。因此,民俗文化旅游产品的开发不仅要注重经济效益,还必须讲求社会效益和文化发展效益,做到三种效益的完美结合。具体表现为以下几点:一是讲求经济效益。民俗文化旅游地的开发、民俗文化旅游路线的策划以及民俗文化旅游项目的设计等,都必须建立在对民俗文化旅游项目可行性进行研究的基础上,并要对投资效益进行认真分析,确保和不断提高民俗文化旅游目的地和民俗文化旅游路线开发投资的经济效益。二是讲求社会效益。民俗文化旅游地开发一般多选在民俗文化保存比较完整和民俗风情浓郁的区域,有该地特有的风俗习惯,因此,在对旅游产品和旅游路线进行规划和设计中,需要综合考虑当地的社会经济发展水平,考虑政治、文化及地方风俗等,让民俗文化旅游成为一种健康文明的旅游活动,成为促进地方精神文明发展的文化旅游活动。三是讲求民俗文化发展效益。与现代文化相比,民俗文化是一种特有的文化,也是一种稀少的文化和脆弱的文化,旅游者带来的现代文化不同程度上会影响到民俗文化的传承。因此,民俗文化旅游产品既要体现出旅游产品的民俗文化因素,增强旅游产品的吸引力,同时又要注意民俗文化旅游发展对民俗文化带来的影响,注意对民俗文化生存的生态环境的保护。在对民俗文化旅游产品的开发过程中,一方面要保护民俗文化的生存环境,另一方面也要注重民俗文化的传承和发展。

3.产品形象原则

良好的旅游产品形象能够极大地提高旅游产业的效益。民俗文化旅游产品的形象设计和打造能够有效推动民俗文化旅游产业的发展。因此,在民俗文化旅游产品策划中,需要树立民俗文化产品的形象观念。具体可以通过以下几点树立良好的民俗文化旅游产品形象。

(1)通过策划具有特色的民俗文化旅游产品,挖掘民俗文化内涵,来提升旅游产品形象的品位。

(2)通过突出民俗文化旅游产品的服务特色和服务质量,来提升旅游产品形象的影响力。

(3)通过开发品牌性的民俗文化旅游产品形象,来扩大旅游产品的规模。

民俗文化旅游产品策划除了要遵循以上原则,还需要考虑旅游产品的预先性、创造性、科学性、艺术性和可行性等因素。

四、民俗文化旅游产品营销

(一)民俗文化旅游产品的商品属性

民俗文化旅游产品与一般旅游商品相比具有自身的独特性,民俗文化旅游的开发对象主要是各民族长期形成的独特的风俗生活文化,其物象表现为先民遗留下来的活动遗址、居室建筑,以及服饰饮食、待客礼仪、礼俗禁忌、节庆活动、婚丧嫁娶,还有民族工艺、音乐舞蹈、戏曲文艺、绘画雕塑等。

需要注意的是,民俗文化在成为旅游产品之前并不具有交换性,作为先民的遗存,它在各民族人民的生活中得以传承。它们不同于商品的交换,也不显现价值的特征,换言之,它们的价值仅仅体现为生活经验的交流。但是,民俗文化一旦在旅游开发过程中被发现、挖掘、包装、出售,就转换为商品,具有了交换的性质。民俗文化旅游产品作为一种特殊的商品,虽然也凝结着无差别的人类劳动,但是衡量其交换价值量的标准不是一次集中的劳动时间,而是一段漫长的劳动时间,是悠久的历史。这种抽象的劳动集中体现了旅游开发商的劳动以及民族发展历史所凝聚的民族智慧。民俗文化旅游产品的使用价值同样在于它的有用性,民俗文化是"一个国家或民族中的广大民众在长期的共同实践和社会生活中,集体创造并世代传承的生活文化事象"①,在过去民俗文化可能通过某种具体的形式呈现出来,而现在它是一种抽象的东西,因为在旅游活动中其主要通过抽象的文化精神发挥作用。

民俗文化旅游产品能够使旅游者从一个熟悉的文化环境中感受到本民族历史发展的进程,也可以到一个陌生的文化环境中探索异民族的生存奥秘。民俗文化旅游开始于有形的外在感知,结束于无形的内在感动,它既是一种物质性的接触,又是一种精神性的体验。

(二)民俗文化旅游产品的营销思路

1.树立以人为本的发展理念

所谓以人为本,就是根据旅游者的需要提供不同的民俗文化旅游产品。例如,广西那坡黑衣壮的开发就坚持了以"人"为本的发展理念,将村寨作为整体旅游产品进行规划,注重自然旅游资源与人文旅游资源互补,观赏型旅游产品和参与型旅游产品相组合,开发出了具有黑衣壮民族文化特色的"村寨旅游产品"。此外,那坡黑衣壮还通过旅游策划开发满足旅游者的现实和潜在需求,采

---

① 邓永进等:《民俗风情旅游》,昆明:云南大学出版社,1997年,第14页。

取各种方式,调动当地居民的积极性,推动本地区旅游业的发展。

2. 突出产品的独特性

民俗文化旅游产品应解决产品同质化的问题,突出产品的独特化,保留文化的原汁原味,只有这样,产品才能对旅游者产生吸引力。例如,黑衣壮的品牌不同于其他民俗文化旅游,它是一个新发现的族群,这里无论男女老幼,都以黑色为美,把黑色作为穿着和族群的标志,服装、首饰、穿着都具有鲜明的特点。此外,作为黑衣壮民俗文化旅游的核心竞争力,"呢的呀"合唱团在黑衣壮高亢悠扬的山歌曲调、宽广的音域和黑衣壮人爱歌特点的影响下得以发展,并吸引了国内外旅游者迫切希望到黑衣壮故乡感受黑衣壮人民的热情与神秘。

3. 形成体系化的发展格局

从目前的发展状况来看,民俗文化旅游开发主要依托于农户,还不能构成体系化的发展格局。其主要的发展趋势应该是郊区的城镇,以此构建主题城、文化镇、特色村,最后落到农户上。这不仅仅是民俗文化旅游的发展问题,还涉及城市总体规划问题。例如,上海的 9 个郊区县,确定了 9 个主题,按照不同的主题培育产业系列,其中有大学城的构建,有汽车主题文化公园的建造,还有具有德国风景特色的主题城市的建设。

4. 创造市场的品牌体系

市场品牌体系在创造过程中应按照一定的程序,首先是在分工体系的基础上形成特色化的体系,进而创造出市场的品牌体系。目前,民俗文化旅游的一些体系已经形成雏形,但发展尚不完善,一方面,很多地域已经大体上构造出具有差异性的品牌,但体系化不足;另一方面,各个部门没有联合起来将品牌体系推向市场。在品牌方面,民俗文化旅游开发应按照总的规划指导,集中突出自己的特色。

5.与新型房地产相结合

民俗文化旅游产品在发展过程中也会出现一些新模式,如教授村、画家村的建设。这些新模式使民俗文化旅游不断向更加专业的方向发展。在建设专业村过程中,需要形成文化房产、主题地产、休闲房产、景观地产等新型的房地产形态,这也意味着民俗文化旅游产品多样化模式的形成,进而促使民俗文化旅游体系化局面的出现。

总体来说,将民俗文化旅游的发展概括起来,第一是将文化做深,只有这样,特色才能被挖掘出来。第二是将市场做透,普遍的市场竞争态势会越来越激烈,各类旅游者会不断分流,因此需要对市场分层问题进行深入研究。此外,还应将产品做精、将服务做细、将产业做强,最后是将发展做大。只有这样,民俗文化旅游的发展潜力才能被充分挖掘出来。

第二节　民俗文化旅游项目研究

民俗文化旅游项目是在特定时间内到达一定的目的地旅游的预期任务,它是民俗文化旅游产业发展的支撑,也是完成跨越式发展的突破口。中国是一个多民族的国家,不同的民族有着不同的民俗文化,如蒙古的那达慕、傣族的泼水节等,数不尽数。此外,中国历史名城、历史遗迹和文物众多,具有深厚的文化内涵,对旅游者有着强烈的吸引力。对这些丰富多彩的民俗文化旅游项目进行合理的规划和开发,能够促进民俗文化旅游的繁荣发展。

一、民俗文化旅游项目规划

(一)基本规划原则

民俗文化旅游的开展,主要表现在民俗文化旅游项目的活动组织。民俗文化旅游项目规划的主要目的是为了提升民俗文化旅游资源的价值。在民俗文化旅游项目规划过程中,需要遵循以下几个原则。

1.市场原则

市场原则,即旅游者的需求原则。民俗文化旅游项目规划必须满足消费者的需要,在对民俗文化旅游资源和市场需求进行客观分析的基础上,对拟开发项目进行目标市场定位、产品定位,在具体项目设置时,需要综合考虑市场吸引力、接待能力、回报指数等多种因素。

2.差异原则

一个地域或一个民族的民俗文化旅游项目,最重要的竞争力即它所具有的差异性,因此民俗文化旅游项目要充分体现出本地区、本民族独特的民俗文化特征。体现了本地区和本民族民俗文化特征的民俗旅游项目,就自然具有了特色。即是说,民俗文化旅游项目的特色就在于区域的本土性,在于民族的唯一性。在民俗文化旅游项目开发中遵循差异性原则,就可以在整个旅游市场的竞争中占有一席之地。

3.文化原则

文化性是民俗文化旅游项目最基本的优势。民俗融地域文化、民族文化、民间生活文化于一体。文化是旅游的灵魂,旅游者进行民俗文化旅游,就是为了在民俗文化中获得一种特殊的精神享受。民俗文化旅游项目独特的吸引力主要在于其所具有的深厚的文化内涵,只有具有浓郁民俗特色文化的民俗文化旅游项目,才能满足旅游者求知、求新、求美的需求,才能获得旅游者的青睐,也才会具有强大的生命力和竞争力。

4.创新原则

随着民俗文化旅游业的迅猛发展,创新原则在民俗文化旅游项目规划中的作用也越来越重要,特别是在一个大民俗文化旅游区内对民俗文化旅游项目进行规划时,要体现出不同民俗文化的差异性。我国民俗文化旅游业中的雷同现象非常严重,这在很大程度上抑制了民俗文化旅游的发展,而只有创新才能在大民俗文化旅游区的协同发展中体现出特色,形成区域民俗文化旅游的核心竞争力。因此,要不断创造出竞争对手没有的民俗文化旅游项目,并要对雷同的项目进行更新和深层优化。

在民俗文化旅游项目的规划中,任何一项民俗文化旅游项目规划原则都是相互联系的,同时又表现出时代的阶段性。在具体的民俗文化旅游项目规划实践中,应根据相应的民俗文化旅游市场和民俗文化旅游产业发展的要求,具体考虑应遵循的规划原则。

(二)基本规划模式

民俗文化旅游项目的规划模式随着民俗文化旅游业的发展不断得到丰富,涌现了诸多在旅游市场营销中取得良好业绩的新模式,根据内容、规模与表现形式,主要可以归纳为以下八种类型。

1.民俗主题文化公园

民俗主题文化公园是"通过模拟的手法将某种民俗生产生活环境、民俗歌舞或建筑等典型民俗文化集中建造于一个园区内,形成相对突出的文化主题的民俗旅游公园"[①]。民俗主题文化公园中所展示的民俗文化是经过移植复制的"仿真民俗",具有民俗文化集中、感染性强的特点,这种模式广泛运用于世界各地。例如,南非开普敦的"原始丛林"就是以当地民俗文化为主题的民俗主题文化公园,我国典型的民俗主题文化公园有河南开封的"清明上河园"、山西晋商文化公园等。其中,山西晋商文化公园要以

---

① 周作明:《中国民俗旅游学新论》,北京:旅游教育出版社,2011年,第169页。

反映晋商辉煌时期的明清建筑风格为主,展现了晋商民俗、晋商的发展历程、晋商的代表人物等,能够使旅游者加深对晋商文化的了解。

2.民俗文化城

民俗文化城是将一个典型的历史城市作为依托,在城中再现已经消失的城市街坊民俗生活环境的民俗旅游景区。民俗文化城通常具有很大的规模,生活情境比较全面,旅游者在民俗文化城中可以对过去的民俗文化生活有一个全面的了解和体验。民俗文化城吸引了很多旅游者前去观赏,如杭州的宋城、无锡的唐城等。

3.民俗文化村

民俗文化村是一种集中展示和体现乡村民俗文化的民俗文化旅游形式。民俗文化村主要分为模拟村落和实地村落两种类型。

模拟村落是以模拟的手法再现当地或某地民俗文化典型的村落。我国最早的模拟村落是建于1988年的台海屏东九族文化村。模拟村落一般出现在民俗文化旅游业发展的初期,往往会建在城市周边接近客源中心市场和交通便利的地方,能够弥补城市旅游资源的缺乏,并为开拓客源市场提供新的思路,此外,也为保护民俗文化提供了一条重要的途径。但模拟村落也存在一些缺点,主要表现在以下几点:一是模拟村落中很多地方都体现出人工雕琢的痕迹,缺乏自然的民俗文化氛围,无法将一个民族的特征和文化真实地呈现出来;二是模拟村落需要大量的资金支持,而且对技术的要求很高;三是模拟村落在建设过程中,出现了模仿、抄袭、雷同的现象,这在很大程度上影响了整体的经济效益,甚至损害了民俗文化旅游形象。

实地村落,又称天然民俗村寨,它是在一个民俗文化相对集中的地域中选择一个最典型、交通较便利的村落向旅游者开放。

实地村落是民俗文化村建设的主要发展方向,在民俗文化旅游发展过程中能够充分展示出民俗文化风貌。在民俗文化保护以及帮助民族地区进行扶贫开发,使旅游者产生真实的民俗审美感受。实地村落通常不需要进行大规模的建设,只需对景观稍加整理、修葺,做好环境卫生工作就可以了,因此投资比较小。此外,实地村落还可以向旅游者提供具有民俗文化特色的事物,如民族建筑、歌舞、风味食品等,能够使旅游者切身体会到最真实、质朴的民俗文化氛围,这也正是民俗文化旅游的意义所在。

需要注意的是,民俗文化村的建设受区位条件、交通状况、客源市场等因素的制约。它是利用民族居住的现实村寨兴建起来的民俗文化旅游景区,民族生产生活气息浓郁,民俗文化真实,可以给予旅游者地道的民俗文化体验和感受,代表着未来民俗文化旅游开发的模式和方向。

4.民俗文化街

民俗文化街是在特定的节会期间将一个区域或一个民族的各类民俗文化在一定的街区进行集中展示,进而形成民俗文化街。例如,2006 年举办的山东(国际)文化产业博览会,开设了一条近 2 000 平方米的民俗文化街,设 146 个民俗展位,展示了美术类、工艺、玩具类等百余种民间工艺。同时,来自山东地区的民间艺人来到现场献艺,充分展现了山东各地独特、丰富的民俗文化。

5.乡村民俗游

乡村民俗游就是选择有乡村民俗文化韵味的农家、渔家、牧户,进行乡村生活体验的民俗旅游项目。例如,"农家乐""渔家乐""牧家乐"等。"农家乐"将具有农村特色的乡村民居供旅游者休息、住宿,并且提供具有乡土特色的餐饮,旅游者还可以进入成熟的果园、花圃、菜园、茶园,进行摘果、拔菜、赏花等活动,体验农家生活,享受田园乐趣。"渔家乐"可以让旅游者溪边垂钓、岸钓、船钓或者直接参与捕捞作业,体验渔村生活。"牧家乐"可以让旅游者体验放牧、挤牛奶、剪羊毛、骑马等生活。

6.民俗文化博物馆

民俗文化博物馆主要是按照博物馆的形式,展示出与人们饮食、起居、交通、服饰等相关的民俗事象,具有文化、教育、文物收藏等功能的文化活动场所。按民俗文物收藏的内容与展示方式,民俗文化博物馆可分为综合性民俗文化博物馆、专题性民俗文化博物馆和露天民俗文化博物馆。一般而言,处在省会城市的民俗文化博物馆多是综合性民俗文化博物馆,处在市县一级的民俗文化博物馆大多是具有县市地方民俗文化特色的专题性民俗文化博物馆。露天民俗文化博物馆是露天陈列的敞开式博物馆,通常具有很大的规模。

民俗文化博物馆是民俗文化的收藏地,可以很好地保存随现代文明发展而渐退的民俗文化。在现代民俗文化旅游业发展中,民俗文化博物馆具有很大的发展潜力。

7.民俗文化节

民俗文化节是利用节庆的形式,对各民族多彩的民俗文化进行集中展示的一种民俗文化旅游项目。按照民俗文化的内容,民俗文化节可分为综合性民俗文化节和专题性民俗文化节两大类。任何一个民族的节日庆典都是综合性民俗文化节,综合展示了民族民俗文化。例如,春节属于综合性民俗文化节,人们常举行的活动有放爆竹、喝春酒、吃年糕、包饺子、赶庙会等,以表示辞旧迎新,祈祷在新的一年里五谷丰登和吉祥如意。而专题性民俗文化节主要是以某一地区或民族的某种民俗文化为内容的民俗文化节。例如,潍坊的"国际风筝节"、海南的椰子节、新疆的葡萄节等,都是独具特色的专题性民俗文化节旅游活动。

开发民俗文化旅游资源,可以充分利用节庆活动的民俗文化,结合当地的自然风光,开发节庆民俗文化旅游,使旅游者能够全面了解各民族的节日活动,领略不同民族的民俗文化,使旅游者在浓厚的节日气氛中,得到强烈的民俗文化感染和切身的体验。举办民俗文化节庆活动,通常是为了通过民俗歌舞、饮食、工艺、风俗,传播民俗文化,扩大影响力,树立民俗文化旅游形象,促进民俗文化旅游的发展。

8.民俗文化旅游商品

民俗文化旅游商品是具有民间民俗文化的商品,是融合当地有文化底蕴、工艺传统、风俗习惯等特色的商品。对于旅游者来说,民俗文化旅游商品通常具有纪念意义和纪念价值。随着民俗文化旅游业的兴起,民俗文化旅游购物在很大程度上推动了民俗文化旅游商品的发展。我国的民俗文化旅游商品,一般是各地各民族具有本地区、本民族特色的物产,特别是民族工艺品,如民族的服装、佩饰、首饰等,各种民间绘画剪纸,各种民间陶瓷,各种民间织绣等。民俗文化旅游商品占了我国旅游商品的绝大部分,开发民俗文化旅游商品,就成了构建我国旅游商品业的重要组成部分。

以上民俗文化旅游项目的八种基本模式是目前已经在文化旅游市场上获得了很好效益的民俗文化旅游产品与民俗文化旅游项目。在实践过程中,任何一种民俗文化旅游模式,都必须是在对所拥有的民俗文化旅游资源、民俗文化旅游市场、民俗文化旅游发展规律与形势进行调查研究之后进行的规划设计,不要模仿照搬。对一个区域的民俗文化旅游项目进行规划时,应从当地实际情况出发,选择体现当地民俗文化特色的适当形式。对当地成功的民俗文化旅游模式进行积极借鉴,但不可全盘照抄。因为,成功的民俗文化旅游模式是建立在他地对自身民俗文化旅游资源特点和民俗文化旅游规律的认识和研究基础上的,具有一定的针对性,未必适合所有地区。因此,一个地区的民俗文化开发应选择符合当地实际、体现民俗文化特色的适当形式。

二、民俗文化旅游项目开发中存在的问题

(一)民俗文化旅游资源受到破坏

从整体上来看,我国民俗文化旅游取得了很大的发展,但也有一些地区为了获取更多的经济利益,对民俗文化旅游资源进行过度的开发,致使许多民族文化资源受到了严重性的破坏,主要体现在以下几点。

(1)一些还没有被大家所认知的具有重要价值的少数民族传统文化在开发中受到了损害,甚至消失。

(2)许多民族文化遗址和民族建筑物受到了永久性的破坏,无法复原。

(3)许多传统节日、庙会等文化形式被加入了浓厚的商业气息。

(4)有些旅游地区的民间艺术品和手工艺品,为了迎合消费者的需求而失去了自身应有的特色,大批量的机器生产使其丧失了所应具有的文化价值。

因此,在开发民俗文化旅游项目时,应保持民族文化独有的特色,坚持适度原则,只有这样,民俗文化旅游才能真正实现可持续发展。

(二)缺乏具有深刻内涵的民俗文化活动

从广泛意义上讲,民俗文化旅游是一种特殊的文化旅游,它所具有的深厚的、独特的文化内涵是其具有长久生命力的关键,能够满足旅游者不断变化的文化需求。例如,北京"民俗村"活动的举办就取得了很好的经济效益和社会效益。目前,大部分地区的民俗文化旅游活动并不具有深刻的文化内涵,甚至出现了雷同、模仿的现象。

(三)民俗习惯发生改变

旅游者在民俗文化旅游过程中,在体验当地民俗文化的同时,也把自己的文化习惯带到了旅游地,对当地居民的思想观念、生活习惯等方面产生了重要的影响。更值得一提的是,随着时代的不断进步、科技的不断发展,不同国家、地区、民族的人们在密切交流的同时出现了相互认同的趋势,使当地的民俗习惯发生了改变。

(四)民俗文化环境出现异化

民俗文化旅游实际上是一种多元文化的大融合。在对民俗文化旅游项目进行开发过程中,不管采取什么形式,都不可避免地存在一些问题。目前,一些地区采取的"生态博物馆"模式、"农家院落"模式等都自觉不自觉地将原住地居民纳入了当地经济发展中,在很大程度上影响了旅游地的发展,一方面使得原住地居民承受着外来文化带来的巨大震撼与冲击,原有的生活秩序、民俗文化生存环境受到了破坏,另一方面原住地居民在学习外来文化的过程中淡化了自身独有的特点和韵味。

三、民俗文化旅游项目品位的提升

(一)对民俗文化旅游项目进行合理规划

合理规划是开发民俗文化旅游项目的基础。目前,我国不同地区的民俗文化资源都受到了不同程度上的破坏。这主要是由于各地区在对民俗文化旅游项目进行开发的时候,缺乏统一性的指导,只追求经济利益,而不注重环境资源的保护,以致出现了不合理开发的现象。因此,提升民俗文化旅游项目品味的关键在于做好环境资源调查工作,进而确定民俗文化资源保护的具体方案,使民俗文化旅游项目的开发能够促进社会的发展。

（二）对民俗文化旅游项目进行准确定位

要想提升民俗文化旅游项目的品位，必须对项目进行准确的定位。首先要明确民俗文化旅游的内涵。所谓民俗，就是指"一个国家或民族中广大民众所创造、享用和传承的生活文化。民俗是一种民间传承，活着的生活文化，必须是在广大民众中历代传承、相沿成习的"。目前，在民俗文化旅游项目开发过程中出现了大量"泛民俗"的事物，使得民俗景观或表演节目变得不伦不类。这其实是对传统文化的背离，与民俗的内在精神是相反的。这也是对当地民众生活文化、地方历史以及旅游者情感和知识需求的不尊重的表现。目前，在民俗文化旅游项目开发中，出现了一系列诸如"民俗村""少数民俗风情游"等项目，虽然在旅游市场上收到了一定的好评，也在一定程度上对少数民族文化给予了尊重，但一些民俗文化旅游村落除了歌舞表演之外，原有的生活习惯遭到了严重的破坏，不断被外界同化，旅游吸引力不断下降。因此，要对民俗文化旅游项目进行准确定位，对其有一个清楚的认识。

（三）民俗文化旅游项目要具有标志性的内容

群体性、地域性、整体性等是民俗文化的主要特征，每一种民俗事象都能够体现出特定地区人民的生活方式和习惯，因此，在对民俗事象进行开发的过程中，首先要发现其所具有的独特性。其次在民俗文化旅游项目中，明确各种民俗文化之间的联系，并选择具有标志性内容的民俗文化。这些标志性的内容并不是人为设计的，而是本地区、本民族历代传承下来的，具有自身的特色，不仅可以很好地满足旅游者的需求，增强旅游地的吸引力，而且能够表达当地人对于生活环境以及外部世界的认识。

（四）注重民俗文化旅游项目的传承性与延续性

民俗文化具有悠久的历史，在发展过程中呈现出稳定性的特征。每个地域、民族的民俗都具有自身的独特性，但在现代文化，尤其是旅游业开发的影响下，许多地区民俗出现了趋同性，不断失去了自己的特色。虽然民俗文化在传承过程中发生变异是不可避免的，但它的变异性与历史性、地方性特征有着密切的联系，决不应是照抄照搬。因此在民俗文化旅游项目开发实践中，既要注意到民俗事象的传承性，将本地区、本民族的民俗文化传承下去，又要注意民俗事象的发展，积极借鉴其他地区的先进的民俗文化。

（五）注重民俗文化旅游项目宣传的真实性

宣传在旅游业的发展中占据着重要的地位。民俗文化具有地方性、民间性的特征，相对比较封闭，不易被外界认知，因此，需要通过宣传的方式，使人们对它有一个具体的认识。但是在对民俗文化旅游项目进行宣传的过程中，要注意宣传内容一定要真实，民俗文化要具有深刻的内涵，这同时也是衡量一个民俗文化旅游项目品位高低的重要标准。

因此，在对民俗文化旅游项目进行宣传的过程中，要求经营者清楚地了解到项目中所包含的民俗资源，然后再选择适当的形式将这些民俗资源加工成产品展现给旅游者。需要注意的是，在宣传过程中虽然可以适当加入一些夸张的宣传元素，但一定要适度。既要真实地反映项目中民俗事象自身具有的特点，又要注重宣传方式的真实，不能依靠虚假广告欺骗旅游者。只有这样，才能真正提高民俗文化旅游项目的品味性。

第五章　民俗文化旅游地形象研究

民俗文化旅游开发的终极目的就是占领市场并获得较好的经济效益。就该层面而言,民俗文化旅游产品和其他产品一样,都会受到市场经济规律的制约,都要努力塑造民俗文化旅游地的形象,在以良好的旅游地形象获得社会认同的同时占领市场。可见,民俗文化旅游地形象是十分重要的,本章主要对民俗文化旅游形象的相关内容进行分析。

第一节　旅游地形象的基本理论

一、旅游地形象的概念

(一)形象

"形象"是一个心理学上的概念,主要是指人们通过视觉、听觉、触觉、味觉等各种感觉器官在大脑中形成的关于某种事物的整体印象。形象并不是指事物本身,而是人们通过各种感官对事物的认知。对形象概念的理解,主要包含以下几点。

(1)形象是具体的、能够被感知的,而不是抽象的、虚幻的。

(2)形象的形成依赖于具体的事物,而不是凭空杜撰出来的。

(3)形象是人情感活动的结果,具有浓厚的主观色彩。它不同于照相,不是对客观事物的简单复制,而是在人的大脑中进行过滤和处理后形成的。

（4）形象一旦形成,将会对人们的思想产生深刻的影响,进而成为其行为活动的主要依据。

（二）旅游地形象

关于旅游地形象的概念,学者们众说纷纭,因而目前仍没有一个统一的解释。目前,较具代表性的观点主要有以下几个。

（1）劳森和曼纽尔·鲍德-博拉认为,旅游地形象是旅游者所有知识、印象、偏见和感情思维的表达,或者旅游团体的特定目标。

（2）克罗姆顿认为,旅游地形象旅游者对旅游目的地的信任、意见及印象的总和。

（3）尹隽等认为,旅游地形象是旅游地的各种要素资源通过各种传播形式作用于旅游者,并在旅游者心中形成的综合印象。

（4）王磊、刘洪寿、赵西萍认为,旅游地形象是一个内涵丰富的概念体系,它包含两个侧面:其一是发射性目的地形象(Projected Destination Image,简称 PDI);其二是接受性目的地形象(Received Destination Image,简称 RDI)。PDI 由实际发射性目的地形象(RPDI)和传播发射性目的地形象(SPDI)两个层次组成,其中 RPDI 是根据综合目的地实际特征总结出的形象,现实旅游者是其主要的发射对象;SPDI 则是营销者在对目的地各种因素进行提炼后形成的形象,潜在的旅游者是其主要的发射对象。RDI 由个体化旅游目的地形象(IRDI)和社会化旅游目的地形象(SRDI)两个层次构成,其中 IRDI 是个体以旅游者的眼光对旅游目的地进行评价,是旅游者对旅游目的地的感知、印象以及观念的综合;SRDI 则是目标市场上的公众普遍持有的感知、印象以及观念的总和。在这个概念体系中,发射性目的地形象(PDI)对旅游规划具有十分重要的意义。

（5）陆林、章锦河认为,旅游地形象是旅游者、潜在旅游者对旅游地的总体认识、评价,是旅游地在旅游者、潜在旅游者头脑中的总体印象。

综合以上观点，本书认为，旅游地形象就是存在于人心中，严格地说，具有综合性、客观性和主观性特点的旅游者对旅游地总体的、抽象的、概括的认识和评价，是对旅游地历史印象、现实感知和未来信息的一种理性综合。

二、旅游地形象的理论基础

旅游地形象是旅游学的一个分支，其主要理论基础大多与旅游学相关，但也有一些相关理论，下面将对其进行具体分析。

（一）主要理论

对于旅游地形象来说，旅游学、地理学、心理学和传播学是主要理论，此外，还有一些理论可以作为该学科的基础理论，但不宜作为主要理论。

1.旅游学

旅游学是以研究旅游三要素（旅游主体、旅游客体、旅游媒介）及其相互关系为核心，探讨旅游行为及其相关事物的特征及发生发展规律的学科。旅游地形象研究是旅游学的一个分支，因而旅游学的基本理论也是旅游地形象研究的理论基础，而旅游地形象研究又是旅游学研究的一个深入和发展。

2.地理学

旅游地形象研究是以旅游地的自然地理、地域文化、地域特色为基础，研究旅游地地域差异的成因及分异规律，并利用这些地域差异和分异规律来塑造旅游地形象的一种研究方式。而其对旅游地地域特征及其条件，尤其是区域的地方性，即当地的景观形成、历史、民族、文化、价值观、组织结构等综合形成的地方性的研究都离不开地理学的支持，因此，地理学也是旅游地形象研究的基础理论。

3.心理学

作为一门基础理论学科,心理学研究的主要是人们心理现象的发生、发展规律。旅游地形象与旅游者对旅游目的地的心理印象密切相关,其心理印象的形成机理、认知过程、旅游动机等都需要研究者用心理学的理论来解决。此外,形象传播是否能够成功,绝不只是取决于简单的文学、美术、摄影、表现技巧问题,更重要的是取决于它是否符合传播对象的心理,因此,心理学也是旅游地形象研究的基础理论。

4.传播学

传播学是一门以信息传播为研究对象的学科,它也与旅游地形象研究有着密切的关系。具体来看,旅游地形象的塑造过程很大程度上靠传播来实现,探讨旅游地形象的形成机理、形成过程、形象传播方法,必须以传播学基本理论为指导,因此,传播学也是旅游地形象研究的基础理论。

(二)相关理论

旅游地形象研究涉及的问题相当广泛,除了要运用以上主要理论之外,还需要运用一些其他学科的理论来解决旅游地形象研究过程中出现的相关问题。这里仅列举几个理论加以说明。

1.美学

华东师范大学商学院教授、旅游文化创意设计研究室主任庄志民认为,旅游者的出游活动是以在旅游过程中通过和谐的审美关系获得人性的抚慰和心灵小憩为动机的,因此可以将旅游看作旅游者人生的美学散步。为了满足人们对审美的需要,旅游地在进行形象传播的过程中就必须按照美的规律去设计,以具有美学特征的传播文字、标志、图像、声音等视听信息美化旅游地形象传播的过程,引起旅游者对旅游地的兴趣。

2. 文学

旅游地命名及形象描述和传播需要用语言文字,语言文字的运用效果是文学艺术研究的内容,因此文学也是旅游地形象研究的一个理论基础,旅游地在进行形象塑造的过程中,必须提高语言文字的表现力,这样才能有助于旅游地形象的塑造和提高。

3. 其他学科理论

除了上述学科以外,旅游地形象研究过程中的许多问题还需要运用其他的一些理论学科来解决,如符号学、社会学、文化学等,它们或多或少地被用于解决旅游地形象研究中的一些问题。

三、旅游地形象研究的现状

对于旅游地形象的研究,国内外有着不同的现状。

(一)国外旅游地形象研究的现状

在国外,对旅游地形象的研究始于 20 世纪 70 年代,当时美国科罗拉多州立大学的 J.D·亨特撰写了一篇名为《形象:旅游中的一个因素》,这被认为是旅游地形象研究的开山之作。此后,旅游地形象的研究已经在西方成为一个热门课题,众多学者都对其进行了研究,并认为旅游地的形象影响着个体的主观感知、后续行为和旅游地选择。

在今天,旅游地形象研究已经取得了一定的进程,其研究的主题主要集中在六个方面,即形象的概念及组成、旅游地形象的形成机理、旅游地形象的评价与测量、距离与时间对旅游地形象形成的影响、居民对旅游地形象的积极与消极影响、旅游地形象的管理策略。

但需要注意的是,虽然国外对旅游地形象的研究已经有了较长的历史,也取得了一定的成果,但这些研究多为实证研究,理论深度不够,有待进一步的完善。具体来看,当前国外旅游地形象研究的问题主要表现在以下几方面。

第一,旅游地形象的感知系统认识不够深入全面,基本照搬了企业形象设计理论。

第二,旅游地形象形成的心理过程尚不够深入。

第三,旅游地形象设计的内容比较含糊,目前只关注形象定位和广告口号、传播设计方法。

第四,不同旅游地形象感知行为模式对比的研究相当薄弱。

第五,对旅游地形象设计理论方面相对薄弱,有待完善与深入。

(二)国内旅游地形象研究的现状

在国内,随着旅游业的快速发展,旅游地形象对旅游业发展的巨大促进作用也引起了一些学者的重视,以北京大学教授陈传康为代表的学者对旅游地形象的理论和实践进行了逐步研究。至今,我国的旅游地形象研究已经取得了一定的成果。通过在中国知网上对关键词"旅游地形象"进行搜索,可以找到近5万条搜索结果,其中既有期刊论文,也有各大高校硕士、博士研究生论文。这些论文的研究内容具体体现在两方面,一方面是国内的旅游地形象研究已经初步建立了理论基础,如学者谢朝武等人的《论旅游地形象策划的参与型组织模式》,李巍等人的《旅游地形象的认知与构建》等;另一方面是国内旅游地形象研究主要集中在四个领域,即旅游者层面、旅游地层面、旅游地形象传播以及旅游地形象设计应用研究,如学者徐闪闪的《乡村旅游地形象对游客行为意愿影响研究》,张贵兴的《提升桂林国内旅游地形象的策略研究》等。但从总体上看,我国的旅游地形象研究多侧重于旅游者和旅游地,且以应用研究为主,理论研究还有待进一步的深入。

第二节 民俗文化旅游地的形象设计

民俗文化旅游地的形象设计是建立在全面了解民俗文化旅游地情况的基础上,设计民俗文化旅游地的形象系统,并对该形象进行传播的过程。而在设计内容上,民俗文化旅游地的形象设计主要涉及民俗文化旅游地的形象定位设计、形象识别符号设计和形象传播设计。

一、民俗文化旅游地的形象定位设计

民俗文化旅游地的形象定位是民俗文化旅游地形象设计与传播的前提与核心,理应受到旅游规划者、设计者的高度重视。旅游者在选择民俗文化旅游目的地和旅行决策时,也非常重视民俗文化旅游地的感知形象,并倾向于选择那些具有强烈和美好形象的民俗文化旅游地。因此,民俗文化旅游地必须做好形象定位设计。

作为广告学的核心概念之一,"定位(Positioning)"最早出现于 20 世纪 60 年代,它指的是"对品牌进行战略设计,以使其能在目标消费者心中占有一个独特的、有价值的位置"。对民俗文化旅游地进行形象定位是为了适应现今旅游业快速发展的社会现实。当代社会,可供旅游者选择的旅游地越来越多,旅游地之间的竞争越来越激烈,要想在竞争中取得优势,民俗文化旅游地就必须具有自己的特性,也必须能够为旅游者所关注,这就需要规划者做好民俗文化旅游地的形象定位。

(一)民俗文化旅游地形象定位的参照系

合理、巧妙地定位民俗文化旅游地的形象可以帮助民俗旅游产品迅速占领和扩大市场。在物理学中,研究一个物体的运动时,确定物体的运动是相对别的物体来说的,这个被作为参考标准的物体或物体就叫参照物或参照系。民俗文化旅游地形象虽然是抽象之物,但它与物体定位具有相同的原理,也是在与其他参照形象的对比中确定本民俗文化旅游地的形象位置的。因此,进行民俗文化旅游地的形象定位必须选好参照系。

一般情况下,民俗文化旅游地形象定位参照系是按照一定对比要素建立的,其对比要素有横向对比和纵向对比之别。

横向定位参照系可以将民俗文化旅游地的类型、特色、区位等属性作为对比要素来建立,以其中某个对比要素来建立坐标,梳理在某对比要素建立的坐标系中现有的民俗文化旅游品牌,并对其进行比较,以确定本民俗文化旅游地与其的差异性或相近性。如果以某一对比要素比较时,与本民俗文化旅游地特色相近的民俗文化旅游地较少,则对自身有利;如果与本民俗文化旅游地特色相近的民俗文化旅游地较多,则对自身不利。

纵向定位参照系通常可以利用民俗文化旅游地的规模、等级、品味、数值等属性作为对比要素来建立,以某个对比要素来建立坐标,梳理某一类现有的旅游品牌,并进行排序,以确定本民俗文化旅游地的有利因素。如果以某一对比要素进行比较时,本民俗文化旅游地处在较高的位置,便对自身有利,否则应换一种对比要素,继续寻找对自己有利的因素。

(二)民俗文化旅游地形象定位的方法

1.层面定位法

根据民俗文化旅游地与旅游者之间的关系,可以将民俗文化旅游形象分为民俗文化旅游资源、民俗文化旅游功能和民俗文化旅游理念三个层面的形象,民俗文化旅游形象定位也相应地可分为资源定位法、功能定位法、理念定位法,以及几个层面结合的兼有型定位法。

(1)资源定位法

这种定位方法主要是将民俗文化旅游地的独特旅游资源提

炼出来作为旅游形象定位,具有直观、具体的景观指称,有助于处于民俗文化旅游业发展初期或者知名度较低的民俗文化旅游地尽快突出自身的特点,从而树立旅游形象。

（2）功能定位法

这种定位法是以民俗文化旅游地的旅游资源和环境为基础,分析其所能提供给旅游者的各种功能（观光功能除外）,有助于发掘彰显本民俗文化旅游地的旅游资源和环境的实用旅游价值,适宜于具有某方面优越条件的特殊功能型民俗文化旅游地或者具有一定观光旅游基础的发展升级型民俗文化旅游地。

（3）理念定位法

这种定位方法是以民俗文化旅游地的资源和功能,又不完全拘泥于二者,而是将旅游者认同、追求的地方理念概括出来的一种民俗文化旅游形象定位方法。与前两种定位方法相比,这种定位方法具有更强的包容性。但由于纯粹的理念定位较抽象,因而不适用于处于旅游业发展初期的民俗文化旅游地。不过,这种定位方法有助于已经具有很高知名度、旅游业发展很成熟的民俗文化旅游地树立良好形象,具有重要的战略意义。

（4）资源—功能兼有型定位法

这种定位方法是以民俗文化旅游地的旅游资源和能为旅游者发挥的功能来进行旅游形象定位。它可以高度概括民俗文化旅游地旅游资源,总结民俗文化旅游地能够给旅游者提供的各项功能,有助于从资源和服务着眼定位民俗文化旅游地的形象。

（5）资源—理念兼有型定位法

这种定位方法是以民俗文化旅游地的旅游资源和旅游者较为认同的理念来进行旅游形象定位,既有明确的景观指称,又有很强的包容性,虚实结合,具象与抽象结合。

（6）功能—理念兼有型定位法

这种定位方法是以民俗文化旅游地能为旅游者提供的旅游功能和旅游者对旅游地期望的理念来进行民俗文化旅游形象定位,能够很好地帮助民俗文化旅游地树立其自身的影响,从而吸引更多的旅游者。

2.资源—利益定位法

从民俗文化旅游地不同的资源类型以及特定客源市场的利益角度出发,可以把资源—利益定位方法分为以下几类。

(1)利益指引法

这种定位方法是从民俗文化旅游客源市场的角度进行民俗文化旅游形象定位,主要是突出旅游者的特殊利益,针对特定的客源市场进行民俗文化旅游地形象定位。

(2)资源支撑法

这种定位方法是从民俗文化旅游资源的角度进行旅游形象定位,主要是提炼民俗文化旅游地最具有独特性的旅游资源,并将其作为旅游形象予以定位。

(3)综合描述法

这种定位方法是从综合性的角度对民俗文化旅游地进行形象定位。一个拥有多种民俗文化旅游资源类型的较大范围的民俗文化旅游地,且很难判断各旅游资源之间吸引力的强弱时,通常就采用这种方法。

3.竞争定位法

竞争定位法主要是从民俗文化旅游地与其竞争者之间的关系入手,进行旅游形象定位的方法。这种定位法可以具体分为比附定位、领先定位、空隙定位、重新定位等。

(1)比附定位

这种定位方法采用的是主动避开第一,抢占第二的定位策略。实践证明,与其和处于领先地位的民俗文化旅游第一品牌开展艰难的正面竞争,不如抢占第二品牌。因此,民俗文化旅游地完全可以主动居于第二品牌,以吸引旅游者的造访。但是,比附定位不适合后来再跟进的旅游地,且比附定位也要恰当,不能随意比附。

（2）领先定位

领先定位适宜于对唯我独尊、独一无二、世界唯一或同类中的"之最"以及无法代替的垄断性民俗文化旅游资源进行定位。由于人们总是对第一的东西印象最深，因此这种定位方式往往能起到很好的效果。

领先定位是常见的表达方式，多以"第一""最""唯一""世界""天下""之都"等词汇概括。但需要注意的是，领先定位不能随意使用，要基本符合事实。

（3）空隙定位

空隙定位的核心是根据自身的特点，树立一个与众不同、从未有过的主题形象。目前，民俗文化旅游地数目持续增长，只有那些个性鲜明、形象独特的景点才能吸引游客。空隙定位就是寻找还没有的形象定位，避免民俗文化旅游产品同质化和民俗文化旅游地重复建设。

（4）重新定位

重新定位又叫作民俗文化旅游地的"再定位"，它是针对民俗文化旅游地发展的生命周期或旅游市场需求变化，以新形象替换旧形象。这种定位通常采用对原有形象进行重新改造和创造新的形象的方式。

二、民俗文化旅游地的形象识别符号设计

如今民俗文化旅游市场竞争日益激烈，各民俗文化旅游地竞相推广自己的产品，民俗文化旅游地形象识别符号（传播符号）在其中发挥着重要的作用。因此，民族文化旅游地形象识别符号设计应当作为旅游地形象设计的重要组成部分。

民俗文化旅游地形象识别符号指的是能表征民俗文化旅游地形象的各种特定事物，它是公众识别民俗文化旅游地的标识，也是民俗文化旅游地形象传播的工具。通常情况下，民俗文化旅游地的形象识别符号主要包括民俗文化旅游地的名称、标志、标

准色、标准字体等。

(一)民俗文化旅游地的名称设计

人们认识民俗文化旅游地,首先感知到的是其名称。民俗文化旅游地的名称就像人的名字一样,是民俗文化旅游地的代表和象征。它可以通过声音和文字形式来传达信息,是表征民俗文化旅游地最基本的视听符号,不仅可以作用于听觉,而且可以作用于视觉,这种作用一旦发生,便可以引起人们对民俗文化旅游地形象的联想和想象,人们会根据民俗文化旅游地的名称来想象这个地区是怎样的,甚至会形成第一印象。因此,民俗文化旅游地不仅要有名称,而且还要有个好名称。而要有一个好的名称,民俗文化旅游地就必须根据自身的旅游资源和条件,进行民俗文化旅游地名称设计。

简单来说,进行民俗文化旅游地名称设计就是给民俗文化旅游地取一个好名称。好的民俗文化旅游地名称应包含以下几个特点。

1.能显示民俗文化旅游地的特征

民俗文化旅游地名称本身带有一定的文字意义,具有定性功能,可以给人以不同的联想与想象,并初步建立形象。因此,民俗文化旅游地的名称要能显示民俗文化旅游地的特征,不同类型、风格的民俗文化旅游地要有不同的名称来表达。也就是说,一个名称要在一定程度上能说明民俗文化旅游地的性质、类型。

2.注重音美

旅游者对民俗文化旅游地名称的声音很敏感,好的民俗文化旅游地名称可以让旅游者产生声音美感和谐音联想,因此,在设计民俗文化旅游地名称时,必须防止因谐音产生的不美,还要使其具有听觉节奏和韵律美,使民俗文化旅游地的名称具有音乐般的美感。

3. 注重义美

民俗文化旅游地名称有义美,才更能打动人心。因此,在设计民俗文化旅游地名称时,应设计出可以传达一定含义的名称,以便使旅游者感受到美的意蕴。

(二)民俗文化旅游地的标志设计

标志是一种表征事物的符号,具有表达意义、情感的作用。作为一种人类传播信息的特殊符号,标志被广泛运用于社会活动中。民俗文化旅游地也包含了各种标志,因此,民俗文化旅游地的标志设计也是民俗文化旅游地形象设计的一个重要内容。

作为一个视觉符号,民俗文化旅游地的标志是民俗文化旅游地的具体指代,只要看到它,旅游者就会将其与民俗文化旅游地联系起来,因此,要树立良好的民俗文化旅游地形象,就必须做好民俗文化旅游地标志的设计。而要做好民俗文化旅游地标志的设计就必须遵循以下几项原则。

第一,识别度高。为了增强民俗文化旅游地标志的识别度,设计者可在抽象化图案的基础上,还可应用文字来提高识别度。常见的做法是使用各种字体的汉字、汉语拼音、英语等。例如,西藏布达拉宫的标志(图5-1),就在运用了布达拉宫的基础上,加上了汉字。

图 5-1

第二,体现地方特色。尽量将民俗文化旅游地最具有特征性的事物作为民俗文化旅游地标志的构图要素,比如说民俗文化旅游地特有的风俗、代表性景观等。

第三,构图简练。应对选取的民俗文化旅游地的代表性事物进行抽象化、变形化处理,从具象(实物照片)到抽象。

第四,艺术性强。整个构图要有艺术性,形成视觉冲击力,以便给旅游者留下瞬间的深刻印象。例如,西双版纳野象谷的标志(图 5-2)采用大象的局部抽取、简化而成,整体圆润、简洁、大气,将大象温顺、憨厚的形态表现得活灵活现。

图 5-2

一般情况下,民俗文化旅游地的标志设计方法很多,如反复、对比、和谐、渐变、突破、对称、均衡、反衬、借用、重叠、镶嵌、变异、幻视、链接、折带、装饰、具象、抽象、立体、汉字等。但从标志的构成语素来看,常见的有两种,即文字和图形。

有形的事物可以用图形来表示,但世间很多事物是无形的,尤其是抽象的概念很难用图形来表示,而文字的表意功能很强,且适合于表达各种事物,同时比较简洁。因此在现实生活中,很多标志都是用一定造型的文字来构成的,如神农架(图 5-3)。该标志以汉字“神”“野人”造型,以巍峨的山峰为构成元素,表达了神农架的特色。同时标志“神”的右边的造型似书法笔记“中”,进一步凸显了神农架的地理位置,即神农架是中国的神奇的地方。

在这里需要注意的是,若民俗文化旅游地的标志采用文字构成,则在文字的使用上需要注意以下几方面。

第一,标志中的字体选择空间较大,篆书、隶书、楷书、行书、草书及现代美术字均可使用。

第二,带有历史遗迹性质的民俗文化旅游地宜采用与相应朝代一致的字体,如属于秦代以前遗址的民俗文化旅游地可用篆书,属于汉代遗址的民俗文化旅游地用隶书。

图 5-3

第三,标志中汉字的配合有汉字与汉字、汉字与图形、汉字与拼音以及汉字、图形、拼音三者配合,配合时要注意主从关系。

第四,标志中的汉字可以直接使用文字全称,用词语的简称,用英文单词首字母,用汉语拼音首字母,但应注意字体风格与表达内容的协调统一。

第五,纯汉字徽标的设计应做到其可识性、艺术性,达到完美的结合和统一。

图形具有很强的直观性,便于人们理解和记忆,因此在标志中经常运用。对于民俗文化旅游地的标志来说,客观世界的各种物象如山水、云霞、雨雪、物体天体、建筑、人物、鸟兽、鱼、虫、花、果、草、木等,都可以被拿来用作民俗文化旅游地的标志。但在使用这些元素时,设计者需要对其进行加工和处理,这就要求设计者能够去粗取精,在自然形态的基础上,把自然改造得更美,并符合标志造型的需要。例如,广西是一个民俗文化旅游资源十分丰富的地区,不仅有极具民族特色和地方色彩的少数民族服饰,而且有"甲天下"之称的桂林山水,因此其旅游标志(图 5-4)便以流畅的笔锋一气呵成,将广西的山和水勾画成一个山水相依的主体图案,表现了广西特有的风情。

图 5-4

在艺术加工上,较为常见的图形加工手法包括以下几种。

第一种:夸张,就是在自然的基础上,用形象夸大的手法来强调对象的主要特征,突出对象的形态和神态,使被表现的对象更加典型化和艺术化。

第二种:变形,就是抓住物象的特征,根据构图要求,运用点、线、面等手法使图形扩大、缩小、伸长、缩短、加粗、变细等。

第三种:添加,就是根据造型要求,对原形态的图形进行加工美化,使省略、夸张过的形态又变得丰富。

第四种:省略,就是抓住物体形态的主要特征,提炼概括,取其精华,省略次要的部分,使图形的形态更加单纯和典型化。

(三)民俗文化旅游地的标准色设计

在民俗文化旅游地视觉所及的范围内,色彩是一种十分鲜明且显见的视觉信息符号,它会对旅游者对民俗文化旅游地的第一印象产生非常重要的影响。而这种影响主要是通过色彩的物理光刺激实现的,在实践中,色彩会通过物理光刺激对人的生理发生直接影响,如红色会让人脉搏加快,血压升高,情绪兴奋;蓝色会让人脉搏缓慢,情绪沉静。可见,色彩能够用于传达民俗文化旅游地的形象信息,因此也是表征民俗文化旅游地的视觉符号。民俗文化旅游地标准色与企业视觉识别(VI)一样,都能成为识别民俗文化旅游地的要素,成为传达民俗文化旅游地形象信息的工具。

民俗文化旅游地在进行色彩设计上,必须注重标准色的设计。这里的标准色就是在各种宣传中所用的色彩规范,它包括背景色、线条色、标志、文字等色彩。而统一的目的就是反复使用统一的色彩样式,以便让旅游者对民俗文化旅游地形成一种牢固的印象,强化标准色与旅游地对应的关系。相反,就跟人经常换名字,最后人们会忘记他叫什么一样,如果某一民俗文化旅游地的色彩经常换,这个地方用一套色彩,那个地方用另外一套色彩,那么首先旅游者对其印象就会出色,其次也难以切实发挥色彩对于民俗文化旅游地形象宣传和设计的价值,有关信息自然也就无法传达。因此,在进行民俗文化旅游地形象识别符号设计时,必须对其标准色进行设计。

具体来看,进行民俗文化旅游地的标准色设计必须注意以下几方面。

第一,用标准色来传达民俗文化旅游地信息主要从两方面考虑:其一是要用色彩的表意功能来传达民俗文化旅游地的形象特征,且色彩要能在有注目性和易记性的同时,能够引起人的丰富联想和想象;其二是色彩要能够体现民俗文化旅游地的特色。

第二,为了在传播中引人注目,民俗文化旅游地的标准色必须充分展示与众不同的色彩构成,以达到更好的传播效果,便于公众识别。

第三,民俗文化旅游地的标准色要体现出一定的品味,要能暗示民俗文化旅游地的品位。

第四,民俗文化旅游地的标准色要考虑在制作中技术难度、材质选择、制作成本等方面的可实施性,因而应注意不要选择难度过大或者太过复杂的色彩。

第五,民俗文化旅游地标准色必须考虑不同国家对色彩的感受心理,尤其具有世界意义的旅游地要做到旅游地标准色的合理调配。

在进行民俗文化旅游地的标准色设计时,设计者必须遵循一定的程序,这样才能取得理想的设计效果。具体来看,进行民俗文化旅游地的标准色设计的程序如下。

第一步:进行相关情况的调查,调查内容包括本地各种具有代表性的自然和人文事物的色彩特点、其他旅游地或企业标准色的使用情况、不同民族用色习惯及忌讳色彩。

第二步:进行风格定位,定位应在调查的基础上表达旅游地中物象的特征或象征理念、旅游地发展战略。

第三步:制作色彩方案,就是在风格定位的基础上,设计色彩系统。在设计时最好制作多个色彩样本,便于进行比较。

第四步:色彩定稿及规范制定,在初稿的基础上,根据比较以及相关的意见,选定最佳方案,并最终修改定稿。

(四)民俗文化旅游地的标准字体设计

民俗文化旅游地的标准字体是指在民俗文化旅游地对外宣传中必须统一使用的字体,因此被称为标准字体。民俗文化旅游地标准字体设计是指对民俗文化旅游地的名称、标志名称等使用频率很高的文字的字体进行设计的行为或过程。

进行民俗文化旅游地的标准字设计能够让公众对民俗文化旅游地形成统一印象,不至于产生歧义,有利于形成深刻的印象,提高传播效果。而要切实达到这种效果,在进行民俗文化旅游地的标准字设计时,设计者必须做到以下几方面。

第一,民俗文化旅游地的标准字应能够承载民俗文化旅游地的信息,能在一定程度上有利于体现民俗文化旅游地的特色、品味和发展理念等。

第二,民俗文化旅游地的标准字一定要易于识别和辨认,不能造成信息上的障碍,这就要求在进行民俗文化旅游地的标准字设计时,首先必须选用公众能看得懂的字体;其次要避免与其他民俗文化旅游地的标准字重复或相似;再次字体的结构、线条要明晰,放大放小都能看得清;最后字体中应包含有中英文字体,以便适用于国外旅游者。

第三,民俗文化旅游地的标准字不但要体现出形式美,还要体现出情境、韵调美,这就要求设计者在进行民俗文化旅游地的标准字设计时必须注意观察所选字体的特征,以便将其与民俗文化旅游地的旅游特征结合起来。

三、民俗文化旅游地的形象传播设计

为了让民俗文化旅游地在潜在的旅游者心目中留下深刻印象,进而将其吸引到民俗文化旅游地旅游,就需要做好民俗文化旅游地形象传播工作。而要切实发挥民俗文化旅游地形象传播的效果,就必须对传播进行设计,以便用最小的投入来取得最佳的传播效果,提高民俗文化旅游地的知名度。要切实达成这一目的,在进行民俗文化旅游地的形象传播时,就必须遵循一定的原则,选择合适的形象传播工具和方式,并在传播的过程中对传播内容进行设计。

(一)遵循民俗文化旅游地形象传播设计的原则

1.针对性

进行民俗文化旅游地形象传播必须有针对性,要有的放矢地传播有关民俗文化旅游地的信息,这样才能合理传播,因此进行民俗文化旅游地形象传播设计应遵循针对性的原则,应针对不同公众群体、客源范围来选择合适的媒介、传播语言、传播内容和传播技巧。

2.简约性

进行民俗文化旅游地形象传播时,并非传播的信息量越大越好,太大的信息量会对公众的接受力提出挑战,也容易造成公众的接受疲劳。因此,进行民俗文化旅游地的形象传播设计应遵循简约性的原则,所选的内容要适合公众的接受和消化能力,要符合传播媒介的负载能力。

3.经济性

进行民俗文化旅游地形象传播毕竟是一种营销活动,而凡是营销活动都应以效益最大化、投入最小化为要求。因此,民俗文化旅游地的形象传播设计应遵循经济性的原则,要从经济性方面考虑传播的形式、媒介、内容等。但需要注意的是,经济性并非是民俗文化旅游地形象传播需要首先考虑的条件,而要以传播效果为首要考虑的因素。

4.应变性

一般情况下,民俗文化旅游地形象传播有两种情况,一种是利用各种可利用的机会进行民俗文化旅游地的形象传播,另一种是主动创造传播机会进行传播。而要切实做到这两点,就需要敏锐的眼光和积极的应变能力,要有见缝插针的意识,以便不错过任何机会进行民俗文化旅游地的形象传播。因此,民俗文化旅游地形象的传播应遵循应变性的原则。

(二)选择合适的民俗文化旅游地形象传播工具和方式

选择合适的传播工具和方式,民俗文化旅游地形象传播才能取得良好的效果。在通常情况下,民俗文化旅游形象传播的工具主要有广告媒体、互联网、出版物和宣传册、旅游节庆活动和公共关系活动等,设计者必须选择合适的传播媒介才能发挥应有的效果。

1.利用广告媒体传播

利用广告媒体传播民俗文化旅游地形象是当前民俗文化旅游地形象传播的主要方式,常见的有电视、网络、户外广告、报纸、杂志、电台等。利用这种方式进行传播时,设计者需要对传播市场进行细致的调查和分析,以便选择合适的广告内容来传播民俗文化旅游地的旅游形象。

2.利用互联网传播

随着互联网在当今信息传播中作用的凸显,不少民俗文化旅游地也倾向于通过互联网来进行旅游地形象的传播。而在采用互联网进行民俗文化旅游地传播时,设计者可以建立专门的旅游网站,或在主要门户网站上设置链接,多视角地传播自己的旅游形象。

3.利用出版物和宣传册传播

除了广告媒体和互联网之外,传统的出版物(如报纸、杂志、书籍、电子声像制品等)和宣传册也能发挥民俗文化旅游地形象传播的作用。设计者在利用这种媒体进行民俗文化旅游地形象传播时,可以引起读者的注意为切入口,通过新颖的设计和精美的印刷,让潜在旅游者知晓旅游目的地的产品和服务,并能产生出游的欲望。

4.利用旅游节庆活动传播

旅游节庆活动是有效整合民俗文化旅游地人—地感知要素和人—人感知要素的一种重要方式。一次主题鲜明的旅游节庆活动通常能给人们留下良好的形象,迅速提高旅游地的知名度。

需要注意的是,通过旅游节庆活动推广民俗文化旅游地的形象,节庆活动的主题必须与民俗文化旅游地的旅游定位相一致。同时,旅游节庆活动应长期举办,形成定制。

5.利用公共关系活动传播

公共关系是指通过协调组织和公众的关系,以达到组织所希望的形象状态和标准的方法和手段。通常采用周年纪念、庆典活动、新闻发布会、制造新闻等方式,来树立组织机构的美好形象,进行民俗文化旅游地形象传播。利用公关活动本身能够吸引媒体的关注,从而达到对外发布的效果,具有低投入、高产出的特点。但利用这种方式时,需要在传播前做好具体的设计和部署,以便能够切实取得良好的宣传效果。

(三)合理设计民俗文化旅游地形象传播的内容

考虑到媒介所能提供的时间和版面空间都是有限的(即使互联网的版面空间不受限制,但也会受到公众接受能力的限制),因此,进行民俗文化旅游地形象的传播必须合理的设计传播的内容,以减少传播成本,达到理想的传播效果。

在进行民俗文化旅游地传播内容设计时,必须做到以下几方面。

第一,考虑到大多数的公众浏览民俗文化旅游地形象传播的时间都是非常有限的,因此在进行传播内容的设计时,必须抓住公众匆匆浏览传播信息的时间。这就要求设计者要用简洁的内容进行民俗文化旅游地形象传播,而这一简洁的内容必须是具有重要的信息含金量的,要能体现民俗文化旅游地的特征。

第二,要根据传播媒介设计传播内容。例如,印刷媒介应根据版面的大小设计内容,电子媒介应加入图片和影音图像,户外媒介要简单、醒目等。

第三,要根据不同的传播对象设计传播内容。例如,上班族生活节奏快,因而传播内容要简单;老年人生活节奏慢,传播内容的信息量可以适当加大;驾驶员、有车族习惯听广播,就可以设计视听内容进行民俗文化旅游地的形象传播。

第六章　民俗文化旅游环境保护研究

作为一个地区和一个民族悠久历史文化发展的结晶,民俗文化蕴含着丰富的社会内容,目前,民俗文化旅游发展势头非常强劲,其已经成为人们现实生活中的重要内容。但是随着旅游者的增多,民俗文化旅游环境也遭到了不同程度的破坏,这就需要我们对民俗文化旅游环境保护进行深入研究,以便使民俗文化旅游能够持续地发展下去。

第一节　旅游环境保护的基本理论

民俗文化旅游环境保护是在一定的理论支持下进行的,这些理论为民俗文化旅游环境保护提供了理论依据。在这里,我们主要对与民俗文化旅游环境保护关系密切的环境科学理论、环境经济学理论、景观生态学理论和可持续发展理论进行分析。

一、环境科学理论

环境科学是一门与自然科学、社会科学、技术科学相互交叉和渗透的综合性学科。其目的是考察以人类为主体的生态系统,研究人类与环境的对立统一关系的发生与发展,掌握它们之间的客观规律,调节与控制这个系统中的物质和能量的交换过程,合理利用与改造环境,使之处于最佳运行状态,从而形成系统的良性循环。

(一)环境科学的分科

根据环境科学研究的性质和作用,可以将环境科学划分为基础环境学和应用环境学两大类。其中,基础环境学主要包括环境物理学、环境化学、环境数学、环境地质学等;应用环境学则包括环境经济学、环境监测、环境评价、环境医学和环境工程学等。

(二)环境科学的研究内容

1.对环境演化的规律进行研究

地球环境的各个组成要素,如岩石、大气、生物等都在随着时间的推移而不断发生着演化,这些演化很可能导致环境发生变异。因此,对环境演化的规律进行研究就显得尤为重要,这也是环境科学研究的重要内容。在对环境的演化规律进行研究时,必须了解环境变化的原因及过程,以确保环境向着有利于人类的方向不断发展。

2.对人与环境的关系进行研究

环境科学在对人与环境的关系进行研究时,主要从以下两个方面进行。

第一,探索人类与环境的相互依存、相互作用的关系。

第二,研究人类的生产活动和消费行为对环境系统的影响等。

第三,考察环境系统结构的组成和相互关系,以及人类活动中物质和能量的迁移和转化过程对环境的影响。

3.对污染给生物造成的影响进行研究

对污染给生物造成的影响进行研究,主要可以从以下几方面着手进行。

第一,对由于环境污染造成的物质循环变化和环境退化之间的关系进行研究,其中还应包括对环境的自净研究。

第二,对有害物质在环境中的物理和化学过程以及对人的损害作用进行研究。

4. 对环境污染的防治方法进行研究

环境污染的防治措施和途径要考虑社会管理措施、经济发展规律以及工程技术手段等各方面,利用系统分析及系统工程的方法,寻求解决环境问题的最佳方案。

(三)旅游环境研究

旅游环境研究的主要内容包括以下几方面。

第一,环境对旅游的积极影响与负面影响研究。

第二,旅游环境污染的成因、危害及环境保护的措施研究。

第三,旅游环境教育、规划与环境管理研究。

第四,旅游环境容量和旅游环境质量评价研究。

第五,旅游可持续发展研究等。

第六,旅游对环境质量的要求及其对环境质量影响的源研究和受影响的环境研究。

二、环境经济学理论

环境经济学是运用经济科学与环境科学的原理和方法,解决经济发展与环境保护之间的矛盾,用最小的劳动消耗为人类创造清洁、舒适、优美的生活和工作环境的一门学科。

(一)环境经济学的研究内容

环境经济学的研究内容主要包括三个方面:一是环境经济学的基本理论;二是社会生产力的合理组织;三是环境保护的经济效果。

1. 环境经济学的基本理论

具体而言,环境经济学的基本理论的主要内容包括社会制度、经济发展、科学技术进步与环境保护的关系,以及环境计量的理论和方法等。

2.社会生产力的合理组织

自然资源的合理开发和利用是保护资源环境最根本有效的措施,为此必须把环境质量的改善作为经济发展成就的重要内容之一,需要做到以下几方面。

第一,将环境保护纳入经济发展计划中,使基本生产部门和污染消除部门按照比例协调发展。

第二,研究生产布局和环境保护的关系,根据各地区稀释、扩散、净化能力的差异,合理部署生产力,确定区域的产业结构、规模。

第三,制定自然资源开发利用方案,提高资源综合利用水平,提高经济效益及环境效益。

3.环境保护的经济效果

对环境保护的经济效果进行研究主要应包括以下几方面。

第一,环境污染、生态失调的经济损失估价。

第二,区域环境污染综合防治优化方案。

第三,生产生活废弃物最优治理和利用途径等。

(二)环境经济学在旅游环境管理领域的应用

环境经济学应科学地论证旅游环境管理的各种经济手段的内在机制,阐明各种经济手段的区别和联系,探讨如何运用环境税费政策、环境资源价格政策、环境资源交易政策、环境保护投融资政策、环境财政金融政策等各种经济管理手段,对旅游环境保护的工作进行科学有效的管理。

三、景观生态学理论

景观生态学是一门介于地理学与生态学之间的交叉学科,它整合自然科学和社会科学为一体,现今已成为世界上资源、环境、生态三方面的热点研究领域。

(一)景观生态学的研究内容

1.景观的空间结构

景观的空间结构即景观组成单元的类型、多样性及其空间关系。它是景观功能、格局和过程随时间发生变化的主要决定因素。斑块、廊道、基质的组合是最常见,也是最简单的景观空间格局构型。

(1)斑块

斑块是内部具有相对匀质性,外部具有相对异质性的非线性景观要素,按其起源或形成机制,可分为引入斑块、残余斑块、干扰斑块和环境资源斑块。具体来说,引入斑块是由于人为活动将某些生物物种引入某一地区时所形成的斑块,人工林、住宅区、郊区都属于引入斑块;残余斑块是由于基质受到大范围的干扰后残留下来的部分未受干扰的小面积区域,如火烧后留下来的小片植被;干扰斑块源于小范围的干扰,如草原过牧、烧荒、泥石流、冰雹以及局部植被爆发病虫害等。环境资源斑块主要是由于环境条件与资源的不同,导致斑块内的生物与周围基质有所不同。

(2)廊道

廊道是指与两侧景观要素显著不同的线状或带状的景观要素,如旅游线路、河流、篱笆、空中索道等,是联系斑块的桥梁和纽带。廊道的作用主要体现为隔离和连接两个方面:一方面,廊道可以将不同的景观分隔开来,成为斑块间物种迁移的屏障;另一方面,廊道还可以将某些不同景观连接起来,是旅游者通行的通道。根据结构方面的差异性,我们可以将廊道划分为三种基本类型,即河流廊道、带状廊道和线状廊道。

(3)基质

基质是斑块镶嵌内的背景生态系统或土地利用形式,是景观中范围最广、连接性最好的景观要素类型。基质在景观中起背景作用,判断基质的标准主要包括连接度、面积和动态控制三个方面。

具体来说,如果景观中的某一要素连接得较为完好,并环绕所有其他现存的景观要素时,可以认为是基质,如具有一定规模的农田林网、树篱等;当景观的某一要素所占的面积比其他要素大得多时,这种要素类型可能就是基质;如果景观中的某一要素对景观动态控制程度较其他要素类型大,也可以认为是基质。事实上,在许多景观中,动态控制的重要性往往比相对面积和连接度大,在实际判定基质时,可以将三个标准结合起来使用。

2.景观功能

景观功能是指能量、物质、物种在生态系统之间的流动。景观功能与过程是紧密联系的,景观生态过程的具体体现就是能流、物流、物种流、人口流、信息流等各种形式的流。

3.景观动态

景观动态即景观的变化,是指景观随着时间的推移在结构和功能等方面所发生的变化。判断景观动态的标准主要包括以下几方面。

第一,景观基质发生变化,一种新的景观要素成为景观基质。

第二,景观内产生一种新的要素类型,并达到一定的覆盖范围。

第三,几种景观要素类型所占景观表面百分比发生足够大的变化,引起景观内部空间格局的改变。

(二)景观生态学理论在旅游环境保护中的应用

景观生态学不断地发现和拓展其应用领域,它的很多理论已经应用到了旅游环境保护中,并且受到越来越多的关注。

1.在生物多样性保护方面的应用

目前,人口激增、环境恶化以及人类干扰等原因使生物多样性锐减,严重威胁着旅游环境的可持续发展。景观生态学的综合整体思想、景观多样性研究以及关于人类课题的研究既从基因、细胞、物种、种群、生态系统等不同水平上去探索物种濒危机制,又从区域、景观水平上去考虑保护措施,体现了生物多样性研究的综合性。另外,景观生态学的斑块—廊道—基质模式、景观稳定性理论、生态交错带和边缘效应原则等基本理论为生物多样性提供了理论指导和技术支持。

2.在旅游区的管理与规划方面的应用

景观生态学中的生态整体性和空间异质性、景观多样性、边缘效应原理、尺度分析等理论,对旅游区开发和管理进行景观生态功能分区和生态规划,对景观结构进行生态化设计,加强旅游环境管理等,促进旅游区环境的可持续发展都具有一定的指导意义。因此,在旅游资源环境的保护中,导入景观生态学的思想和方法,是保证旅游环境可持续发展的一种有效途径。

3.在旅游区的土地可持续利用方面的应用

空间异质性和生态整体性是景观生态学的理论核心。土地作为地表自然综合体,具有突出的空间异质性,而生态整体性正是实现土地持续开发利用的有效途径之一。土地的利用方式、状况与管理等都将影响旅游区环境的可持续发展,因此,在进行旅游景区的规划时,要从全局出发,合理开发利用有限的土地资源。

四、可持续发展理论

(一)可持续发展的内涵

可持续发展是既满足当代人的需求,又不损害后代人满足其需求能力的发展；既实现经济发展的目的，又要保护人类赖以生存的自然资源和环境，使子孙后代能安居乐业，永续发展。

（二）可持续旅游

"可持续旅游是指在自然资源与环境的承载能力之内，满足人们公平享用旅游资源的前提下，促进自然资源和环境的持续利用，达到旅游与经济、社会、生态的协调发展。"[①]

1. 可持续旅游的准则

（1）旅游者的道德准则
旅游者的道德准则主要包括以下几方面的内容。
第一，在欣赏旅游地丰富多彩的自然文化遗产的同时，帮助旅游地保护、保存旅游资源。
第二，参加旅游地保护工作，有效地利用包括能源和水资源在内的各种自然和社会资源。
第三，避免进行威胁野生动植物或可能危害旅游地环境的活动。
第四，选择可以展现社会文化和环境敏感型的旅游产品与服务。
第五，感受旅游地居民的友好、热情，发扬社区精神，保存原汁原味的民族风情，尊重旅游地传统习俗。
（2）旅游经营者的道德准则
旅游经营者的道德准则主要包括以下几方面的内容。
第一，保证有良好的员工为旅游者提供高质量的服务。
第二，充分利用自然旅游资源，并以一种对环境质量负责的态度对旅游废弃物进行管理，以减少对旅游环境的污染。
第三，使旅游者对文化遗产、民俗风情等有正确的了解，并尽可能地与各种组合合作，共同建立一个美好的旅游世界。

---

① 孔邦杰：《旅游环境学概论》，上海：格致出版社；上海人民出版社，2011年，第40页。

第四，努力协调好经济发展目标与自然、文化、艺术遗产保护之间的关系，并在这一基础上发展使旅游业得到更好的发展。

第五，多方协调旅游业与其他相关行业的关系，促进旅游活动的顺利进行。

（3）旅游开发规划者的职业准则

旅游开发规划者的职业准则主要包括以下几方面的内容。

第一，在视觉形象、政策计划、任务表达、预计决策过程中，使经济目标与环境、资源、社会、文化以及艺术遗产的保护达到和谐。

第二，提供与旅游地社区价值观及周围环境一致的旅游产品和服务。

第三，在设计、开发、销售旅游产品和配备基础设施过程中，平衡经济发展目标与生态、文化、艺术遗产的高级保护目标之间的关系，系统地进行旅游资源开发及市场营销。

第四，提高对旅游地自然文化遗产的鉴赏能力。

第五，以市场营销为先导，强化环境与文化意识。

第六，提高公众对旅游活动中经济、文化、社会及环境重要性的认识。

第七，鼓励对自然资源包括水和能源的保护与有效利用。

第八，把旅游资源作为当代及下一代的遗产来保护，同时改善旅游地的自然、历史、文化、艺术资源。

第九，在发展对社会、环境、经济等方面都必须承担责任的旅游业时，应同国内及国际组织和机构合作。

第十，鼓励对环境中的废弃物进行管理，尽量消除任何引起环境恶化的污染物。

第十一，鼓励旅游调研和教育。

第十二，在各行各业及相关部门间发扬合作精神，保护环境，不断提高环境质量。

2. 可持续旅游战略

（1）确立"可持续理念"

确立可持续经营旅游的理念是旅游可持续发展成功的保证。

按照《关于旅游业的 21 世纪议程》要求"保证最高层管理人员对可持续观念的承诺",通过强化宣传,使可持续发展的观念与措施在旅游业管理的各个层面上得到体现,并将可持续经营纲领及其目标告之全体职工。通过具体化措施从理念转变为自己的言行并引导游客的行为,这是可持续发展的基础。

(2)建设"绿色体系"

建设"绿色体系"需要做到以下两方面。

第一,着力建立绿色旅游产品体系。

第二,培育绿色旅游市场体系。

第三,抓好绿色旅游管理体系的建设。

(3)实行"绿色开发"

实行"绿色开发"需要做到以下几方面。

第一,在旅游区规划和具体旅游项目设计中,根据旅游资源特点和环境保护要求进行合理分区。

第二,在开发建设过程中强化生态保护意识,杜绝旅游资源破坏性开发和旅游项目低水平建设。

(4)生产"绿色产品",推广"绿色经营",形成"绿色氛围"

各地区都要实行产品创新,积极推出生态旅游、农业旅游、森林旅游绿色旅游产品,旅行社要积极促销绿色旅游产品,使绿色旅游产品成为市场热点和主流旅游产品。

创建绿色饭店、绿色景区、绿色交通,推广绿色消费活动,在旅游经营管理中,要始终贯彻可持续发展原则,努力保护好旅游资源与生态环境。

通过各个方面的建设,形成文明旅游、卫生旅游的社会环境氛围,使可持续旅游思想贯彻到旅游业的各个层次,从而达到可持续发展的要求。

3.可持续旅游的模式

要实现旅游业的可持续发展,需要所有与旅游业利益相关者的共同努力,建立人与环境、当地居民和外来旅游者、旅游地和周边地区之间和谐相处、利益共享、责任(环境)共负的发展模式(图6-1)。可持续旅游模式是贯彻可持续发展的关键一环,是旅游者、旅游地和旅游社区三位一体的共同发展。旅游地社区居民受到旅游业所带来的所有正、负面影响,当地居民以其文化和旅游服务吸引旅游者,是旅游产品的一部分,当地人靠旅游获得的收入高于发展其他产业的获益,会成为保护自然资源的主要决定因素。

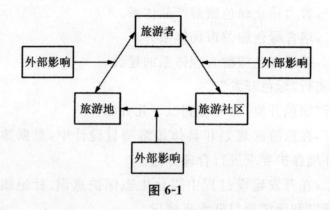

图 6-1

(三)可持续发展与环境保护

可持续发展与环境保护具有密切关系,可持续发展要求在发展经济的同时还要保护好人类赖以生存和发展的环境,只有这样才能实现可持续发展。需要指出的是,虽然二者有密切的关系,但是二者不能等同。环境保护可以说是可持续发展的一个重要方面,但不是全部,因为除了要保护环境外,可持续发展还包括生态可持续发展、社会可持续发展等。所以可以说,保护环境是可持续发展的重要目的之一。

第二节　民俗文化旅游环境保护的手段

民俗文化是民俗旅游发展的基础,如果民俗旅游赖以生存的民俗文化环境被破坏,即一个地方的风俗习惯、风土人情、禁忌信仰、歌舞曲艺、饮食起居等特色文化受到破坏,就会失去利用于民俗旅游开发的资源,民俗旅游就会失去特殊的魅力。[①] 例如,如果一个少数民族村寨的饮食、建筑、服饰、信仰、歌舞都失去了与汉族的区别,将之开发作为民俗旅游村寨就没有任何意义。在这里,本节内容主要从经济、行政、法律、科技以及宣传教育等方面对民俗文化旅游环境的保护手段进行系统的分析与探讨。

一、民俗文化旅游环境保护的经济手段

具体而言,民俗文化旅游环境保护的经济手段就是指国家或主管部门运用价格、工资、利润、信贷、利息、税收、奖金、罚款等经济杠杆和价值工具,调整各方面的经济利益关系,把企业的局部利益同社会的整体利益有机地结合起来,制止损害民俗文化旅游环境的活动,奖励保护民俗文化旅游环境的活动。在当前阶段下,民俗文化旅游环境保护的经济手段主要包括以下几方面。

(一)税收

税收是国家按照法律规定,对经济单位或个人无偿征收实物或货币所发生的一种特殊分配活动。它是国家取得财政收入的一种重要方式,取之于民,用之于民,体现国家在与纳税人根本利益一致的基础上,为实现国家的职能,对整体与局部利益、长远与眼前利益以及收入分配关系所进行的调整。

1.税收的特征

税收的特征主要包括以下几方面。
(1)强制性
税收是国家依据法律规定征收的,法律的强制力构成了税收

---

① 钟声宏:《民俗文化环境保护与民俗旅游的可持续发展》,广西民族研究,2000年第3期。

的强制性。税收是纳税人的法定义务,不依法纳税者要受到法律的制裁。

(2)无偿性

税收收入一律归国家所有,国家以无偿取得的方式获得税款,任何纳税人均无权请求返还或补偿税款。

(3)稳定性

税收是国家按照法律预先规定的范围、标准和环节征收的。国家税法的相对稳定性,决定了税收也具有相对稳定性。

2.税收用于民俗文化旅游环境保护的具体形式

(1)征收旅游税

征收旅游税对于保护民俗文化旅游环境具有重要意义,概括来说,这些意义主要包括以下两方面。

第一,可以为民俗文化旅游环境的保护提供稳定而又有保障的资金。

第二,可以减免或者增加有关企业或部门的税收,从而既能限制或禁止某些会对民俗文化旅游环境造成破坏的项目,又能鼓励和支持那些有利于民俗文化旅游环境保护的建设项目。

(2)征收旅游资源税

资源税是调节因资源差异而形成的级差收入所征收的一种税。我国是从1984年开始征收资源税的。由于各地旅游资源的数量等会存在一定的差别,所以旅游资源的级差收入也会有所不同。为了建立合理的旅游资源有偿使用制度,国家有必要征收旅游资源税。通过征收旅游资源税所得的收入可以用于旅游开发和宣传,从而能够为我国旅游业的发展奠定良好的基础。

(3)征收环境资源税

环境资源税也叫绿色税,是国家为了保护环境资源、促进可持续发展而对一切开发、利用环境资源的单位和个人,按照其开发、利用自然资源的程度或污染、破坏环境资源的程度征收的一个税种。开发、利用土地、森林、草地、水、矿产、地热、海洋等自然资源的社会组织和个人则是税种的纳税主体。

（二）排污收费

排污收费是国家对排放污染物的组织或个人实行征收的一种制度。排污收费是控制污染的一项重要环境政策，它运用经济手段要求污染者承担污染对社会损害的责任，把外部不经济性内在化，以促进污染者积极治理污染。1982 年以来，我国先后颁布了《征收排污费暂行办法》和《污染源治理专项基金有偿使用暂行办法》。2003 年，又新颁布了《排污费征收使用管理条例》，将原来的超标收费改为排污即收费和超标收费并行。另外，针对我国现行的排污收费制度，有关专家还提出，应该对排放的所有污染物收费，即实行全方位收费，同时也要提高收费标准，使其略高于环保设施折旧费与运行费之和，以刺激企业积极治理污染，改变企业目前缴费买排污权的现象。

（三）产品收费

产品收费是指根据产品本身的特点而收取一定的费用。通过该项收费使产品价格上升，抑制有污染的产品的消费，而同时又可筹集资金，用于污染治理。

（四）生态补偿费

生态补偿费是指对开发、利用环境资源的生产者和消费者征税，征得的税收用于补偿或恢复开发利用过程中对生态环境造成的破坏。

（五）财政补贴

财政补贴是指政府对一些保护旅游环境的活动进行的资金补贴，它是环境保护的另一个重要的经济手段。财政补贴在环境保护中主要应用于以下几方面。

第一，对旅游业经营单位和个人的污染治理措施、设备的运行费用给予补贴。

第二,对植树造林等有利于环境保护的活动和行为给予资金补贴。

第三,对旅游业经营单位和个人的污染防治工程建设给予资金补贴。

(六)物质奖励与罚金

物质奖励是指对旅游环境保护做出成绩和贡献的单位或个人给予物质的奖励。罚金是指对污染和破坏旅游环境的单位或个人给予的经济制裁。执行物质奖励和罚金制度的目的都是对污染者提供一种附加的经济刺激,使其遵守法律规定的环境要求,其最终目的都是为了促进旅游环境的保护。

(七)利润留成

利润留成是指企业为防治污染、开展综合利用所生产的产品5年不上缴利润,将该款项留给企业继续治理污染、开展综合利用。利润留成是我国环境管理中常用的鼓励措施之一。

(八)排污交易

排污交易是指排污者把实际排放低于允许排放的差额卖给别人,使买进者可以排放高于自身排放限制的污染物,从而使该地区的污染物总排放量保持在规定的标准内。

二、民俗文化旅游环境保护的行政手段

行政手段是指各级政府及有关主管部门根据国家和地方所制定的环境保护方针政策、法律法规和标准,依靠行政组织,运用行政力量,按照行政方式来管理旅游环境的方法。具体来说,民俗文化旅游环境保护的行政手段主要有以下几种形式。

（一）行政决定、通告等形式

这里所说的行政命令、通告等主要是由环境与资源的主管部门及相关部门单独发布或由有关部门联合发布的。其主要目的是针对旅游业运行过程中出现的环境问题，有针对性地提出若干原则要求和具体对策，为游人和旅游经营者创造良好的旅游环境和经营环境。

（二）行政政策、措施、倡议等形式

为了整治城市环境，荷兰首都阿姆斯特丹市政府实施了一套有效政策，包括减少汽车停车泊位，禁止汽车在某些街道行驶等。该市新的设想是开办自行车出租业务，将自行车涂上白色，以低廉价格供市民租用。这些政策的实施，使骑自行车出行成为时尚，极大地改善了城市的环境卫生状况。

（二）政府对旅游市场的专项整治或综合治理

专项整治是指有关部门对某一严重影响旅游人文社会环境的问题进行专门的集中整顿治理。比如，泰国旅游胜地帕塔亚为解决卖淫问题，采取了一些措施进行专项治理并制定了关于限制卖淫管理条例。综合治理是指旅游、园林、公安、工商、建设、交通、物价等若干部门，齐抓共管，密切合作，重点在宾馆、码头、车站、景点、购物点等处，制止旅游业存在的违法违章行为，维护旅游市场的正常秩序。我国对市场的综合治理，包括对黑社、黑导、扰客等的打击，取得了很好的效果。

（四）政府举办有关旅游环境保护的评选活动

国家旅游局于 1995 年 3 月 15 日发出《关于开展创建和评选中国优秀旅游城市活动的通知》（旅管理发〔1995〕046 号），拉开了创建中国优秀旅游城市的序幕。通过创优，各城市会更加珍惜本城市的旅游资源，更重视旅游的规划和建设，打造城市的旅游品牌,进一步推动旅游业的发展。至 2006 年底,"中国优秀旅游城市评定委员会"共分六批命名中国优秀旅游城市:第一批 54 座(1999)、第二批 67 座(2000)、第三批 16 座(2001)、第四批 45 座(2003)、第五批 23 座(2004)、第六批 24 座(2006),总计 229 座。①

三、民俗文化旅游环境保护的法律手段

民俗文化旅游环境保护的法律手段是利用各种涉及旅游资源与环境保护的有关法律、法规来约束旅游开发者和旅游者的行为,以达到对民俗文化旅游环境进行保护的目的。具体来说,民俗文化旅游环境保护的法律手段主要包括旅游资源法和旅游环境法两种类型。

旅游资源法是调整人们在旅游资源的开发、利用、管理和保护过程中所发生的各种社会关系的法律规范的总称。旅游资源法一般包括国家公园(风景名胜区)、自然保护区、文物古迹保护、海滩管理、游乐场管理、野生动植物资源保护等方面的法律、法规和规章制度等。

旅游环境法是环境法的重要组成部分,环境法规定的保护范围包含了旅游环境法的保护范围。

四、民俗文化旅游环境保护的科技手段

民俗文化旅游环境保护的科技手段包括数学手段、物理手段、化学手段、生物手段和工程手段等。人们利用和发挥这些手段各自的优势,将它们单一或组合起来使用,以达到保护环境的目的。

(一)数学手段

数学手段是指运用数学中的数字、模型、公式、图表等形式,

---

① 孙克勤:《旅游环境保护学》,北京:旅游教育出版社,2010 年,第 181 页。

来表示旅游环境被污染和破坏以及旅游环境的发展变化趋势等情况,为旅游环境保护提供科学的依据。例如,可以利用公式和模型来计算旅游环境容量,可以利用数字和图表来表示旅游环境质量状况。

(二)物理手段

物理手段是指通过某些设备和方法等的物理作用,达到处理污染物和保护环境的目的。物理手段在大气环境的保护中较为常见,气态污染物种类繁多,可以利用分离法对其进行治理。分离法是利用污染物与废气中其他成分的物理性质差异使污染物从废气中分离出来的方法,如物理吸收、物理吸附、冷凝法及膜分离等。此外,物理手段也经常用在对废气、污水、噪声、恶臭等进行处理时。物理方法还可用于野生动物的保护。例如,1993年10月在湖北省石首市天鹅洲白鳍豚自然保护区给江豚佩戴无线电标志获得了成功,取得了很好的效果。

(三)化学手段

化学手段是利用化学物质与污染物的化学反应,改变污染物的化学性质或物理性质,使污染物从溶解、胶体或者悬浮状态转变为沉淀或漂浮状态,或者从固态转变为气态,最后使其减少、消失或变为其他物质的一种方法。化学手段在大气环境的保护和水体环境的保护中也经常可以用到。沉淀法、中和法、混凝法、氧化还原法等都是常用的化学处理方法。

(四)生物手段

生物手段是指通过利用植物、动物、微生物本身特有的功能,达到监测、防治环境污染和破坏以及绿化、美化、净化和香化旅游环境的作用。

植物、动物、微生物等生物能为人类提供生物资源和生态环境两方面的宝贵财富。生物资源包括建材类、药物类、食物类、工业原料类、燃料类等各种资源,而且还可以为人类提供价值更多的生态环境。需要引起重视的是,生物还具有造氧、杀菌、净化空气、医疗保健、减弱噪声、监测环境等方面的生态功能和环境保护功能。

(五)工程手段

工程手段是指建造或利用围墙、堤坝、沟渠、桥、梯等各类建筑物,以达到保护旅游资源及环境的目的。工程手段既可以用于对文物古迹进行保护,防止文物古迹被污染和破坏,也可以用于对野生动物的保护。例如,西雅图城东的华盛顿湖,每年有50万条鲑鱼从城西的海湾回游,跳上鱼梯,进入运河,回到华盛顿湖,然后再回溯到自己诞生的浅水溪里产卵,最后死在故乡。这50万条鱼的鱼肉价值上亿美元,吸引着无数的渔船和观光客。这里的法律规定,鲑鱼一旦回到了小溪,任何人都不允许去碰它。因为它们千里万里地回到了故乡,不吃不喝地赶路,就是为了要产卵。由于西雅图雨水多,淡水水位高,很多鱼因而回不到家乡,于是人们就建造了一个大型工程——鱼梯,帮助鲑鱼顺利返家。

五、民俗文化旅游环境保护的宣传教育手段

宣传教育手段是指通过现代化的新闻媒介和其他形式,向公众传播有关旅游环境保护的法律知识和科技知识,以达到教育公众,提高其环境意识,进而保护旅游环境的目的。在现代社会中,民俗文化旅游环境保护的宣传教育手段主要有学校教育、新闻媒介等形式。

(一)学校教育

在中小学阶段的学校教育中,可以通过历史、地理、数学、物理、化学、生物等课程,让学生掌握有关环境保护的基础知识。

在大学甚至更高阶段的教育中,可以通过课堂教学和课外活

动,强化学生的环境保护意识,另外,还应该加强学生的专业素质教育,以便将来更好地发挥专业人才的特长,直接为保护旅游资源和环境贡献出自己的力量。

（二）新闻媒介

电视台、电台、报纸、网络、杂志等都属于新闻媒介。新闻媒介有很强的舆论监控、教育宣传功能,主要表现在以下两方面。

第一,新闻媒体可以宣传在环境保护工作中做出贡献的单位和个人。

第二,新闻媒体可以对破坏生态环境的行为以及违反保护环境法律法规的单位和个人进行披露。

通过新闻媒介强大的舆论监督、教育宣传功能,公民能够更了解国家有关环境保护的法律法规和常识,环保意识也因而得到提高。

第七章　乡村民俗文化旅游与城市民俗文化旅游研究

乡村民俗文化旅游随着近几年城市的快速发展而发展起来，在城市经济的带动下，乡村民俗文化旅游拥有了广阔的前景和市场。城市民俗文化旅游是相对于乡村民俗文化旅游而言的，它更突出了城市的文化底蕴和内涵。不论是乡村民俗文化旅游还是城市民俗文化旅游其根本目的都是为了满足人民日益增长的精神文化需要。下面本章就从类型、旅游项目、今后的建设方向三个方面分别对两类民俗文化旅游进行介绍。

第一节　乡村民俗文化旅游研究

乡村民俗旅游是乡村旅游的一种类型，也是乡村旅游的重要组成部分，是乡村旅游中以乡村民俗传承事象为主要体验对象的旅游活动。

需要注意的是，"乡村民俗旅游"与"乡村旅游"并不是一个概念，虽然它们都在乡村地域上进行，但是在本质上它们两个还是有区别的。"乡村民俗旅游"是民俗旅游学范畴，它所包括的范围比较狭窄，不包括田园观光、乡村山水观光、现代农业观光。"乡村旅游"涵盖的范围要广，不仅包括乡村民俗旅游，还包括田园观光、乡村山水观光、现代农业观光等。

一、乡村民俗文化旅游的类型

乡村民俗文化旅游的类型与乡村民俗旅游资源的类型有紧

密的联系。目前,乡村民俗旅游资源可以分为三个类型,即乡村生活民俗旅游资源、乡村生产民俗旅游资源与乡村文化民俗旅游资源。相应的,乡村民俗文化旅游类型也可以分为三种类型,即乡村生活民俗旅游、乡村生产民俗旅游与乡村文化民俗旅游。对于这种分类方法,目前学界还并没有统一,一些学者也给出了其他的分类方法,如有学者将"乡村生活民俗旅游"分为"居住民俗旅游"与"饮食民俗旅游",形成了生产民俗旅游、生活民俗旅游和文化民俗旅游等乡村民俗旅游的三大类型。

(一)乡村生产民俗旅游

乡村生产民俗涵盖的范围非常广泛,几乎包含了乡村传统生产领域的各个方面,如放牧生产、农耕生产、捕鱼生产、手工业生产等。以此类推,乡村生产民俗旅游也自然涵盖了这些方面。同时,乡村生产民俗旅游又可以作进一步的划分,包括游牧生产民俗旅游、稻作生产民俗旅游、捕鱼生产民俗旅游、家庭手工业生产民俗旅游等。

整体上来说,乡村生产民俗旅游可以分为两类,一类是生产民俗观光旅游,另一类是生产民俗体验旅游。以下对这两个方面进行具体的介绍。

1. 生产民俗观光旅游

生产民俗观光旅游是让游客到实际的乡村环境中进行观看、观赏、观研的旅游,观光的地点包括田间地头、草原、湖边海岸、生产加工作坊等。根据观赏地点的不同,可以把生产民俗观光旅游划分为放牧生产民俗观光旅游、农业生产民俗观光旅游、捕鱼生产民俗观光旅游、手工业生产民俗观光旅游等多种类型。生产民俗旅游观光的特点是游客通过走走看看的形式来了解乡村生产民俗的知识、技术、历史和过程。

2. 乡村生产民俗体验旅游

乡村生产民俗体验旅游的划分方式与生产民俗观光旅游的

划分方式基本类似,同样也可以分为乡村牧业生产民俗体验旅游、乡村农业生产民俗体验旅游、乡村渔业生产民俗体验旅游、乡村手工业生产民俗体验旅游等几种类型。乡村生产民俗体验旅游的特点就是通过组织游客参与到乡村生产的实际过程之中来获得乡村生产民俗体验。如让游客到草原上骑马、放牧;到田园里收割、采摘;到渔船上划船、钓鱼;到手工作坊里捏陶、雕琢、裱糊等。

(二)乡村生活民俗旅游

乡村生活民俗包括的内容很多,如乡村民居、村落环境、服饰、家庭、饮食、婚姻、聚会、祭祀、禁忌等,但是需要注意的是,乡村生活民俗旅游并不等同于乡村生活民俗的内容。目前,乡村生活民俗旅游发展较好的是乡村饮食民俗旅游和乡村居住民俗旅游。

1.乡村饮食民俗旅游

乡村饮食民俗旅游主要是利用乡村的生态蔬菜、家禽家畜,通过家庭烹饪的方式来吸引游客品尝乡村菜肴的旅游,如蘑菇宴、柴锅饭、打食桃、吃海鲜、烤全羊、裹粽子、打年糕、野菜宴、火盆锅、豆腐宴、大锅炖鱼等,每一道菜都是绿色、无公害的,再配上农家自酿的老酒,清醇美味,可以让城市居民游客回味无穷。

2.乡村居住民俗旅游

乡村居住民俗旅游主要是把带有乡村风情的院落打扫出来供游客居住的旅游。这些院落带有乡村的古朴气息,有的称之为乡村别墅,有的称之为家庭旅馆,还有的称之为乡村旅店。如北京市延庆县四海镇南湾村的"龙泉堡民俗旅游合作社",在这个村落中,接待游客的民俗户家中使用的是古老的窗棂,窗户上还都贴着过去老式的白色窗户纸,大红的板柜摆放在厅中,板柜上还放着老式的掸瓶、梳头匣子,火炕上放着的饭桌、火盆、草墩、椿凳,门口摆放的盛着酒的大酒坛,让游客感受了传统而古老的乡村居住民俗文化。

除此之外,城市居民游客到乡村生活民俗旅游还有一些其他的目的,如购买乡村土特产与民俗工艺品等,这也是乡村生活民俗旅游的重要内容之一。这里的土特产不单单是指食物,它还包括乡村生产、生活民俗用品,乡村民俗手工艺品等。

乡村生活民俗旅游要把发展的重点落在与城市不同的地方,突出乡村的特色,以乡村独有的风格来规划和设计乡村生活民俗旅游项目。从发展的趋势来看,乡村生活民俗旅游已与乡村的休闲度假旅游相吻合,未来也会朝着这个方向继续发展。

(三)乡村文化民俗旅游

乡村文化民俗带有浓郁的乡土气息,能够生动地展示乡村文化,它所包含的内容和表现形式是丰富多样的,包括乡村民间的歌舞、高跷、舞狮、乐曲、曲艺、刺绣、剪纸、划旱船、扭秧歌、陶艺、雕刻、绘画、杂技、骑马、斗鸡、斗鸟、射箭、摔跤、秋千等。依据乡村文化民俗的性质,乡村文化民俗旅游可以分为三种类型,即动态、静态、竞态。其中,静态型乡村文化民俗旅游包括刺绣、陶艺、剪纸、雕刻、绘画等;动态型乡村文化民俗旅游包括歌舞、高跷、舞狮、乐曲、曲艺、划旱船、扭秧歌等;竞态型乡村文化民俗旅游包括斗鸡、斗鸟、射箭、摔跤、杂技、骑马、秋千等。

乡村文化民俗旅游的组织形式可以分为以下三种类型。

一是到村民家中品鉴乡村文化民俗。具体的活动方式可以分为以下几种:参加村民的传统婚礼,感受乡村幸福的爱情;看村民的传统民间手工艺品,如绣花的鞋垫、老虎头童鞋、农民画等工艺品;参观农民传统的制作工艺,如剪纸、刺绣、雕刻、绘画等。

二是参与乡村文化民俗节庆,在节庆中接触和感受乡村文化民俗。游客可以到传统的灯会上感受民间艺术,如高跷、舞狮、捏面人、皮影戏、小车会、画糖人、踩高跷、扭秧歌、赏花灯、划旱船、猜灯谜等;可以到村内的古戏楼里欣赏极具地方特色的皮影、大鼓等;可以到村落的竞技场上,观看杂技表演、骑马、射箭、摔跤等。除此之外,还可以看到非常有趣的斗鸡与斗鸟比赛。

三是走进民俗村,感受那里的民俗文化生活。我国地域辽阔,在经历了漫长的历史发展之后,形成了各种类型的专业民俗文化村。走进河北曲阳汉白玉雕刻艺术之乡,可以看到雕刻师傅精湛的刀工和惟妙惟肖的雕刻成品,如力士天女、菩萨观音、龙凤狮兽;走进"天下杂技第一乡"吴桥,看看"上至九十九,下至刚会走,吴桥耍杂技,人人有一手"的乡村文化民俗;走进天津市西青区"杨柳青年画"之乡,可以看到那一幅幅栩栩如生的杨柳青年画。总之,乡村文化民俗旅游是对中国乡村文化原真形态的一种追溯,是基于传统文化的一种旅游,游客从中可以体会到中国传统文化的魅力。

二、乡村民俗文化旅游项目

乡村民俗文化旅游按照具体的内容进行策划和设计可以分为不同的乡村民俗旅游项目。乡村民俗文化旅游与乡村旅游还存在一定的差别,乡村民俗文化旅游更突出乡村民俗旅游项目的文化性,它对游客的定位和目标市场与后者也不相同。经过近三十年的发展,我国的乡村民俗文化旅游已经形成了一些比较成功的乡村民俗旅游项目,如乡村乐、民俗村、乡村民俗年节、国际民俗旅游社区等,取得了重要的经验。

(一)乡村乐

在我国乡村民俗旅游中,出现较早、发展较快的乡村民俗旅游项目就是乡村乐。乡村乐是在乡村家庭的基础上,根据不同劳动生产类型,对乡村生活民俗与生产民俗进行体验。乡村乐经历了以下几个阶段的发展,最终形成了完整的体系。

1.农家乐

农家乐是依托农家的环境资源,在农家食、住和劳动,让游客体验在农家衣食住行的欢乐,故称"农家乐"。中国农家乐的旅游形式最早可以追溯到 1983 年 11 月,当时山东潍坊安丘石家庄接待了一批来自日本的客人,这些日本客人与当地农民同吃、同住、同劳动,玩得相当愉快,开创了中国一种新型的民俗旅游形式。不久之后,"农家乐"的旅游形式就在全国各地蔓延开来,并逐渐被全国各地的游客欢迎。

城市居民非常喜欢农家乐,农家乐对他们来说相当新鲜。他们长期生活在城市里,远离乡村的劳动生产,因此,他们非常希望自己有机会参与这种活动。乡村的风光和生活景象是他们在城市里看不到的,他们内心对农村的生活风貌是非常好奇的。因此,他们想要尝一尝农村的饭菜,看一看农村的风景,体验一下农村的生产劳动,这些对于他们而言都是新鲜和有趣的。

农家乐旅游有着自身的一些特点,具体来说包括以下几个方面。

第一,农家乐最大的特色表现在"农"字上,它能够将乡村最原汁原味的特色呈现出来。农家乐旅游与城市生活的最大区别就是它能够利用农民闲置或兼用的生产资料和生活资料,资源就地取材,为游客提供独有的农家风味。无论是衣食住行,还是生产劳动,都充满了农村乡土气息。

第二,提高了农民的生活水平,推动了农村经济发展。农家乐旅游目前已形成了以城市反哺乡村、三产反哺一产、工业反哺农业的新态势,在旅游经济效益的推动下,农民对旅游的认识发生了改变,旅游不仅带动了农村的经济发展,而且还使农民走上了富裕之路。一部分先富起来的农户主动为本村的经济发展做贡献,改善生态环境和基础设施,带动其他农户共同致富,一起构建和谐的乡村社会环境,进而促进了农家乐旅游及农村经济的发展。

第三,经营成本低,方式灵活,经济效益较好。农家乐主要是依靠农户现有的资源,如土地、房屋等创建起来的,投资小、回收快。餐饮资源自产自销,游客参与农事活动更是一举两得,既帮助农民创收,又可以从中体验到快乐,这样一来,不仅投资的成本低,而且资源的使用效率大大提高。

我国农家乐根据不同的划分标准可以分为不同的类型,具体如下。

第一,按农家乐接待游客的方式,可分为休闲度假型、宾馆型和餐饮型农家乐。休闲度假型农家乐是近几年才发展起来的一种现代旅游形式,它是依托当地丰富的自然和人文旅游资源物而兴办的集吃、住、游、娱、购等于一体的乡村民俗旅游综合项目。宾馆型农家乐主要依靠当地的区位优势为游客提供吃、住、游服务的乡村民俗旅游项目,其最突出的特点就是廉价。餐饮型农家乐是解决游客就餐问题的乡村民俗旅游项目,其经营的主要特色就是为游客提供原汁原味的农家菜。

第二,按农家乐投资模式,可以分为家庭自主投入型农家乐和工商资本型农家乐。目前,我国农家乐投资的主要形式就是家庭自主投入型农家乐。农民根据自家现有的资源以及经营规模的大小来决定初期的投资情况。资金的来源主要有两种方式,一种是自家长期的积蓄,另一种是向亲朋好友借款的方式。经营的方式也可以分为独家经营或者是合作经营两种,在我国,大部分的农家乐是独家经营的,只有少部分的农家乐是合作经营的形式。劳动用工以家族内部成员为主,每家一般吸纳 2～4 名居多。工商资本投入型农家乐是招引工商投资者所投资的"农家乐"。

第三,按农家乐发展途径模式分为两种类型,即政府引导型农家乐、农民自发型农家乐。政府引导型农家乐是政府结合村庄环境建设的实际情况,出台相关扶持政策和管理办法,引导农户建立起来的农家乐经营实体。农民自发型农家乐是农户根据市场发展的情况,在景区景点周围或在自然风光和生态环境良好的地方或城乡结合部,利用现有的房屋设施开设具有农家风味的餐馆,开办为游客和城市居民提供餐饮服务的经营实体。

我国农家乐旅游起步晚,发展时间短,因此还存在一系列问题,表现在以下几个方面。

一是农家乐没有形成较大的规模,分布散乱,且大多数农家乐的档次并不是太高。许多农家乐内容简单,设施简陋,缺乏吸引力和高品位,社会影响力不够。

二是农家乐缺乏整体规划。目前我国农家乐的整个布局都不尽如人意,许多农家乐都缺乏新意,只是一味地模仿。不仅如此,他们对市场的发展也不做了解,盲目定位,简单粗放,在开发建设上表现出明显的无序性。

三是各种配套设施并不完善。农家乐的发展关系到许多方面,如果相关方面没有做到位,它的整体水平是很难提升上去的。具体来说,与之相关的方面有旅游配套设施建设、乡村道路建设、管理服务用房等用地,以及农家乐的餐饮、住宿、娱乐等的收费、安全、卫生、税收等方面。

四是农家乐经营缺乏专业的管理人员。目前,我们国家还没有专门针对农家乐管理开设培训课程,只是对相关人员上岗前进行一个简单的培训。这样的培训效果通常不是很理想,员工的素质仍然偏低。

2.渔家乐

渔家乐是受农家乐发展的启发而逐渐兴起的乡村乐项目,主要分布在我国沿海渔业生产地区的渔村,也是近几年才兴起的一种旅游形式。与农家乐的内容形式相比,渔家乐并无二意。下面以山东日照渔家乐为例进行介绍。

日照市地处山东半岛南翼,境内有国内罕见的60多公里的优质海滩,有近百公里的沿海风景带。利用这一资源,日照的渔家乐民俗旅游迅速发展起来。全市有16个村搞起了渔家乐民俗旅游活动,总床位发展到4.2万张,平均每个渔家乐家庭年收入达4万元,多的达到10多万元,"渔家乐"已成为日照的一道风景线,它必将吸引更多的国内外游客前来观光旅游。

3.牧家乐

牧家乐是在我国草原牧业生产区开发的乡村乐项目。其中,发展较为成熟的是通辽市的"牧家乐"。下面就以通辽市的"牧家乐"发展为例进行介绍。通辽地处科尔沁草原腹地,深受蒙古文化的熏陶,为全国蒙古族人口最聚集地区。在通辽,传统的蒙古族风俗以及民族风情被保留了下来,成为开发"牧家乐"民俗旅游天然的土壤。通辽市开发"牧家乐"民俗旅游的规划相对比较成熟,这也是我国其他地方发展"牧家乐"需要借鉴的地方。通辽市力图将"牧家乐"形成知名品牌,使其成为草原文化旅游的代表,让游客一来到草原就可以感受到浓郁的"牧家风情","一天品透蒙古情,一生回味科尔沁"。

通辽市为"牧家乐"设计了一个明确的宣传主题,即"当一天牧民,做一天蒙古人"。这一宣传主题突出了游客到此旅游的重要目的。住在牧民家,学习蒙古族风俗,体味蒙古人热情待客;在草原上骑马驰骋,在勒勒车上纵情放歌;体验牧民的劳作,放羊、挤奶、剪羊毛、做奶制品;再痛饮一壶马奶酒,体验蒙古人的豪放;和牧人一起烤羊肉,品炒米、奶茶、做牛肉干,乌日莫,拉一曲马头琴,学几首蒙古歌,跳上一段安代舞,体验蒙古人的快乐。

上述三种类型的乡村乐各具特色,形成了一个完整的乡村乐民俗旅游体系。

(二)民俗村

民俗村的发展比较成熟,不论是中国还是外国,都有许多成功的乡村民俗旅游发展项目。下面我们将从国外和国内两个方面对民俗村进行介绍。

1.国外民俗村典例

国外民俗村的典型例子如荷兰的桑达姆风车民俗村和韩国民俗村,具体介绍如下。

荷兰的桑达姆风车民俗村地理环境优美,气候适宜,不仅有色泽鲜艳的郁金香,还有闻名世界的风车以及庄重古朴的老式建筑,这些都吸引着世界各地的游客前来此地。韩国民俗村位于京畿道首府水原市附近,占地 163 英亩,集中建造了韩国各地的农家民宅、寺院、贵族宅邸及官府等各式建筑,再现朝鲜半岛 500 多年前李朝时期的人文景观和地域风情。村内的 240 座传统建筑,有李王朝时的衙门、监狱、达官贵族的宅邸、百姓的简陋房屋、店铺作坊、儿童乐园等。在民俗村内,游客可以看到当地传统的手工艺品,如彩绘纸扇、木质雕刻、民族服装、彩色瓷器等,同时,还能品尝到当地的特色美食。露天场上,每日都会有精彩的节目上演,包括民俗舞蹈、杂技和乡土鼓乐等。村民穿着古代李朝时的衣着,演绎古代迎娶新娘、送亡人入土等村民礼仪风俗。

2.我国乡村民俗村典例

乡村民俗村是以村落自然民俗为基础,进行乡村民俗旅游资源开发,所形成的向游客开放的旅游民俗村。我国有许多典型的乡村民俗村,如红原民俗村和石家庄民俗村等。

(1)红原民俗村

红原民俗村位于红原县龙日乡,距县城 55 公里。红原民俗村在长期的发展过程中形成了自己的特点:让游客体验最初的乡村民俗,感受传统的民俗生活方式。过去,红原民俗村的牧民逐水草而居,哪里水源丰盛、草木茂密哪里就是家。现在,牧民改变了这种生活方式,不再以帐篷为家,而是建起了永久性的住所,形成了村落。虽然牧民的住所发生了变化,但是牧民的生活习惯却没有改变。进入民俗村,浓郁的草原风情就会出现在眼前。牧民的住所与现代村落的住所是有差别的,尽管建筑材料与现代住所并无差异,但仍然表现出了本村所特有的风格。整个建筑呈现出"凹"形,房前屋后插有挂着各色经幡的旗杆。屋内必设置佛堂和桑炉(敬神煨桑的香炉),置有多种法器,如法鼓、海螺、金刚杵、曼札之类。每家门前都有草坪,在那里饲养着藏狗和随时待骑的马。当地人欢迎游客的最高礼遇就是献上洁白的哈达,游客在红原村可以品尝到具有特色风味的手抓肉、酥油茶、人参果米饭、和尚包子等饮食。

（2）石家庄民俗村

石家庄民俗村位于潍坊市安丘县西南 16 公里的凌河镇。石家庄民俗村模式突出的特点是，在自然村落的基础上，能够将本村特有的民俗集中在一起，建立乡村民俗博物馆，围绕乡村民俗博物馆组织乡村民俗旅游。

石家庄民俗村乡村民俗博物馆的院落形式较为典型，是我国北方比较常见的四合院形式。博物馆设一厅，即民间礼仪厅，主要是用来供奉神灵和年节行礼；一院，即婚俗院，院子的大门上书有"天上双星渡，人间六礼成"对联，院内摆放着喜轿和香案花烛；后院设有马车、碾房、磨房。洞房内也有相应的新婚摆设，游客在这里可以举行传统的中国古典婚礼，感受古典婚礼带来的欢乐；六室，分别是民间文娱室、民间工艺室、农家生活室、农事用具室、农家纺织室和村塾学堂室，每一室的具体布置介绍如表 7-1 所示。

表 7-1　石家庄民俗村乡村民俗博物馆"六室"布置表

六室	具体布置
民间文娱室	陈列民间节日流传盛行的龙灯、高跷、旱船、狮包以及游戏娱乐器具等
民间工艺室	陈列剪纸、刺绣、年画等民间工艺品
农家生活室	陈列各种生活用具用品，有俭朴的家常用具，也有待客用的精致餐具和宴席用品
农事用具室	陈列清末以来各式农具，张挂着"四季生产图"
农家纺织室	陈列老式的轧、弹、纺、织、印、染等工具，墙上挂有大型壁画"农家纺织图"
村塾学堂室	室壁上挂有字画，文房四宝、"四书五经"陈于案头

目前，我国已经形成了多种典型的乡村民俗旅游村，每一个典型的乡村民俗旅游村都在继续探索自己的发展模式，逐步形成"一村一品"的发展格局。

(三)乡村民俗年节

乡村民俗年节是乡村民俗旅游的一个项目,它不需要太多的设计和策划,只需要传承乡村传统的年节即可。下面以周庄的民俗旅游年活动的策划为例进行具体地介绍。

周庄举办传统的"开庄"仪式,拉开了长达近两个月的节庆民俗活动的序幕。周庄民俗旅游年活动策划的特点是能够汇聚江南特有的民俗元素,集中对其进行传承与弘扬。该民俗活动张灯结彩,喜气洋洋,不仅牌楼两侧彩旗飘扬,全福路上更是龙舞狮跃、鼓乐喧天,人们希望通过这种方式祈福,祈盼来年风调雨顺、国泰民安;由苏州民俗演员扮演的周庄庄主,神色庄重地挑开了牌楼上"贞丰泽国"上的红绸,敲响了开庄的铜锣,接过周庄传奇人物"沈万三"递来的财宝,向庄民和广大游人送宝、祝福;在水巷里,不时地穿梭着祝福的花船;腊月打田财、立春打春牛、除夕烧香、初一拜年、初五接财神,种种民俗活动,充分将独特的民俗节庆文化与旅游结合在一起。

乡村民俗年节对传统文化的传播具有重要的意义。它不同于乡村旅游中的采摘节。采摘节多是通过参加采摘劳动放松身心、体验劳动的乐趣,而乡村民俗年节更突出节日的文化特征,侧重弘扬节日内在的文化精神。在乡村民俗年节游客可以感受和体验民间传统的工艺制作、手艺绝活儿等,继承濒临灭绝的非物质文化遗产。

(四)国际民俗旅游社区

国际民俗旅游社区是北京市朝阳区旅游局为了适应 2008 年北京奥委会期间接待国际游客的需要,在高碑店率先推出的全国首个高端乡村民俗旅游项目。

根据相关部门的预测,2008 年奥运会期间应该有 45 万张床位提供给游客。但是当时北京承诺的客房数量是 13 万间,其提供的床位数与预测的数目仍相差甚远。为了解决北京市旅游住宿接待迅速扩容的问题,朝阳区旅游局决定开展家庭住宿接待,推出"国际民俗旅游社""国际民俗旅游接待户"。随后,这一模式在其他符合条件的社区推广开来,开展包括旅游参观、旅游接待在内的一系列国际民俗旅游接待活动,逐步在全区区域内形成规模,发展为区域国际旅游社区。

随着国际游客的不断增多,我国乡村社区民俗文化与民俗风貌逐渐被认识、被推崇,日益成为重要的民俗旅游吸引物,国际民俗旅游社区和国际民俗旅游接待户,也将从北京向全国传开。

三、乡村民俗文化旅游建设

随着经济的发展,乡村民俗旅游依赖乡村自然与清新的环境快速发展起来。乡村民俗旅游受到了愈来愈多的旅游者的青睐。要想更好地发展乡村民俗文化旅游,需要对其进行有规划、有步骤地建设。

(一)科学规划

我国乡村民俗文化旅游也有许多年的发展历史了,它在发展方式、发展途径、发展模式等方面都积累了一定的经验。其中,最重要的经验就是要对乡村民俗文化旅游进行科学的规划,使其在科学的指导下向前发展。

浙江舟山市嵊泗县的妇女"渔家乐"就形成了自己的旅游品牌。其发展最成功的经验就是嵊泗县妇联在培育"妇"字号品牌"渔家乐"项目时,重视旅游规划。嵊泗县妇联强调乡村民俗文化旅游"渔家乐"规划的重要性,要求"有条件的可以邀请省、市有关专家规划设计'渔家乐'生态庭院,按照生态旅游的标准,组织广大妇女栽植花卉、树木和果林,优化旅游环境,为渔家民俗旅游的发展打下了良好的基础"①。

---

① 周作明:《中国民俗旅游学新论》,北京:旅游教育出版社,2011年,第223页。

　　在广大的乡村地区,当地政府对于民俗文化旅游规划的意识并不强。许多地方都是凭借自己的感觉和先前的经验来发展旅游产业的,结果导致开发建成后的乡村民俗旅游点市场响应不佳,门庭冷清。可见,民俗文化旅游规划是非常有必要的。因为,乡村民俗旅游不是只建设一个景点那么简单的事情,而是需要一个完整的体系,只有明确区域旅游在产业结构中的定位,明确区域的特色产品,才能科学地规划和设计,评价与选择可用于旅游经营的乡村民俗旅游资源,制定出符合市场规律的营销方案。而这些都属于旅游规划的范畴,因此,将乡村民俗文化旅游全面地纳入旅游规划范畴,是我国乡村民俗旅游产业走向成熟发展道路的重要保证。

(二)资金扶持

　　旅游产业的发展最重要的支撑就是资金,一旦出现资金缺乏的问题,旅游产业就很难运转下去。乡村民俗文化旅游的发展更是如此。乡村民俗文化旅游起步晚,发展时间短,其经营状况本身就没有想象中那么乐观。因此,在城市经济获得发展的前提下,应该给乡村民俗文化旅游的发展提供更多地资金扶持。

　　对乡村民俗文化旅游的发展进行资金扶持,可以有多种方式和途径,如政府扶贫资金、银行贷款等,不同的民俗文化旅游村可以根据自己实际的发展情况来选择合适的扶持方式。如浙江舟山市嵊泗县妇联为了解决渔村妇女发展"渔家乐"资金短缺的问题,要求各级妇女组织积极配合有关部门的调查工作,整合各方资源,给予渔村资金、技术、信息、人才等各方面的支持,建立"渔家乐"示范基地,实现以基地带动妇女就业,以基地促进效益的发展。

(三)引导组织

　　我国乡村民俗旅游发展的主体是乡村的村民,但是限于某种原因,他们对旅游并不是很了解。这时就需要政府给予引导和组织。有学者发表《建设特色乡村民俗旅游村建设的"八化"准则》，认为"乡村民俗旅游在确立面向城市游客、服务于城市游客的基本理念的基础上，应当遵循民居外观传统化、内部装饰地方化、使用功能实用化、生活方式生态化、建设材质本土化、村落氛围生活化、社区环境田园化和组织管理家庭化等八大特色民俗旅游村建设准则，将乡土文化全面融入民俗旅游村建设之中。"①

目前，从我国乡村民俗文化旅游发展成功的案例来看，有效发展乡村民俗文化旅游的重要途径之一就是政府对村民进行积极地引导和组织。如北京市朝阳区旅游局结合本区域民俗文化发展的特点，依据国家相关的标准及文件，制定完成了《朝阳区国际民俗旅游社区评定办法》和《朝阳区国际民俗旅游接待户评定办法》，率先在高碑店乡高碑店村进行试点，对村中的 50 户农家进行引导和培训，培训的内容包括服务规范、礼仪礼貌、日常英语会话等，有目的地引导和组织村民去实施民俗文化旅游项目，避免乡村民俗文化旅游发展的盲目性。

我国的乡村民俗文化旅游发展时间短，尚处在初期阶段。因此，其发展的体系并不完善，还存在一些问题，如基础薄弱、发展不均衡、发展水平低、发展质量差等。其特征就是模仿性突出、自发性突出、城市化倾向突出，还未能从民俗文化的层面去创意和创新，形成自己的特色。要想使乡村民俗文化旅游获得进一步的发展，走向成熟，就需要突出乡村民俗文化旅游自身的特征，克服其模仿化和城市化的倾向。只有突破了之前发展的条陈，乡村民俗文化旅游才有更大的发展空间，才能形成万紫千红的发展局面。

第二节　城市民俗文化旅游研究

不同的文化积淀构成了不同的城市风貌和民俗特色，形成了

---

① 王旭科：《特色乡村民俗旅游村建设的"八化"准则》，中国旅游报，2007 年第 11 期。

城市间的区别。游客在不同的城市之间穿梭,可以感受到每个城市特有的民俗文化。

一、城市民俗文化旅游的类型

城市民俗文化旅游依托城市特有的民俗风情,为游客提供城市民俗文化观光产品、民俗文化体验产品。城市民俗文化旅游是城市文化旅游的一种,从旅游产业的发展角度来看,具有极大的市场潜力和发展空间。

城市民俗文化旅游的类型主要包括以下几种。

第一,"文化民俗旅游城市",如四川绵竹市提出以精品意识打造文化民俗旅游城市。

第二,"民俗风情旅游城市",如乌鲁木齐市凭借独具特色的民俗风情和地域特征,开始创建"中国最佳民俗风情旅游城市"。

第三,"民俗生态旅游城市",如阿坝藏族羌族自治州黑水县要以"打造民俗生态旅游城市"目标,努力提升黑水的对外形象。

第四,"民俗旅游标志区",如山东潍坊规划打造"中国民俗旅游标志区"。

第五,"民俗旅游协作区",如延边朝鲜族自治州规划构建东部边境民俗旅游协作区。

第六,"民俗文化特色县"等,如重庆市酉阳自治县委十二届三次全委会立足县情做出打造"全国土家族民俗文化特色县"战略决策。

不管是哪一种类型的城市民俗文化旅游,都是对其不同的表现形式,但需要注意的是,它们在某些方面还存在着细微的差别。

二、城市民俗文化旅游项目

城市民俗文化旅游项目的构成具体包括以下几个方面。

(一)城市节庆、灯会与庙会民俗旅游

城市节庆、灯会与庙会民俗是城市民俗文化旅游的重要项目,也是城市民俗文化生活的组成部分。

1.城市节庆民俗旅游

城市节庆民俗分为两种形式,一种是传统文化节,一种是旅游文化节。传统文化节是指中华民族的传统民俗节日,如春节、清明节、端午节、中秋节等。旅游文化节是城市根据自身的条件以及发展特色在固定的日期举办的节庆,如山东潍坊的国际风筝节。

城市民俗节庆经过有目的的组织和策划之后就可以转变为节庆旅游项目。潍坊已经举办了许多次的国际风筝节,它是依靠自身的历史条件和地理位置逐渐发展起来的。潍坊位于山东省的中部,风筝历史悠久,据《潍县志》载,潍坊自宋代起民间就开始流行风筝。至今潍坊风筝已在海内外拥有了颇高的声誉。自1984年起,潍坊每年举办一届国际风筝会。每届的国际风筝会,都吸引了大量的海内外客人来潍坊旅游,来潍坊放飞风筝,来潍坊洽谈经贸。

2.城市灯会民俗旅游

在我国的许多城市,一遇到传统节日都有举办灯会的习俗,如福州灯会、自贡灯会、成都灯会、北京灯会、开封灯会、广州灯会、台湾灯会等。如果是元宵佳节,这些灯会又可以统称为"元宵灯会"。

元宵节是中国传统的狂欢节,它的灯会也必然带有传统文化的特色。除此之外,它还要将现代的声光电技术融入其中。在古代工艺与现代技术的双重配合下重现古时市井风貌。

3.城市庙会民俗旅游

庙会,又称"庙市"或"节场"。原来庙会多在民间的里社举

办,后来随着佛道的融合,庙会逐渐转移到佛寺和道观中进行。随着经济发展和人们物资交流的需要,庙会的祭祀活动融入了集市交易活动,庙会又得名为"庙市",成为中国市集的重要形式。随后,庙会又把文化娱乐活动如戏曲、杂技等加入其中。此后,逛庙会就成了人们逢年过节不可缺少的内容。根据各地不同的风俗,各地的庙会内容也大不相同。比较典型的庙会有泰山东岳庙会、北京庙会、天津庙会、郑州商都民俗庙会、洛阳文化庙会、南京夫子庙庙会等。下面主要对北京庙会进行简要阐述。

北京庙会按照地域的不同又可以分为地坛庙会、厂甸庙会、龙潭湖庙会、红楼庙会、白云观庙会、日坛庙会等,这些庙会各具特色,成为北京民俗文化旅游一道亮丽的风景。规模最大的地坛庙会是春节庙会,在庙会上除了具有北京特色的手艺绝活、特色小吃外,还有来自其他地方的特色工艺和民俗风情,如陕西、山西的剪纸,天津的年画,东北的木雕等都可以让在京的百姓感受到其他地方不同的民俗风情。此外,在庙会上还可以看到一些民间的艺术形式,如杂技、魔术、戏曲、文艺相声、武术、旱船等。

(二)城市民俗街与民俗公园

城市民俗街与民俗公园也是进行城市民俗文化旅游的两个项目。城市民俗街是城市民族文化最集中的表现,它是在城市发展的过程中自然而然形成的,而民俗公园则是在人为的设计和规划之后才形成的。城市民俗街与民俗公园各具韵味,各有不同。

1.城市民俗街

城市民俗街是指位于城市传统的商业闹市、集中民俗文化的街区,俗称老街。它保存着浓郁的城市传统民俗文化色彩,在我国,有许多典型的民俗街,如北京前门大街、长春人民大街、上海庙前大街、重庆鱼洞老街、呼和浩特通道南街、丽江四方街等。

城市民俗街的功能主要体现在以下两个方面。

（1）城市民俗集聚中心

城市民俗街因其特有的文化性而吸引着全国各地的游客。如前门大街是北京地标性的老街，全长 840 米。据史料记载，自明成祖迁都北京以来，前门大街就是皇帝去天坛、先农坛祭祀的必经御道，已有 570 年历史。呼和浩特通道南街始建于清康熙三十二年(1693)，是一条个性鲜明独特的伊斯兰风情街。丽江四方街始建于宋末元初，大小路面均铺五色石板，经数百年走磨，石纹毕露，瓦房民居大多三坊一壁，天井正方，走廊宽敞，门窗雕饰花鸟图案，颇为别致。

（2）添加旅游功能

城市民俗街具有较高的观赏价值，它能够从游客欣赏的需要出发，合理安排游客对民俗街的观赏活动。如长春人民大街能够充分利用环路的优势，实行车流单向疏导，有效地解决了交通拥挤的问题。再如，北京前门大街建设了大型地下停车场，可同时满足 1 000 辆车辆泊车。地下停车场建改在解决停车难、人行难和人车混杂等问题的同时，又解决了旅游停车服务与古街抢占空间的问题，维系了城市民俗街的空间景观。

城市民俗街在条件允许的情况下，还可以增加览车服务。如北京前门大街的青白石路上规划了两辆 1924 年北京最早引进的老样式铛铛车，它可容纳 84 人乘坐，设计时速 5～8 公里，游客从起点到终点只需要一两分钟的时间。又如，内蒙古民俗旅游城市呼伦贝尔市在民俗旅游街区推出独具特色的骆驼车、勒勒车，吸引了众多游客。

为了增加城市民俗街的观赏性，在街道的两旁常会有一些摆设，以突出街道的文化性，路灯、座凳、花坛、路标、垃圾箱等都可以成为民俗街的点缀，它不仅成为街道上的风景，同时也为旅游者提供了服务功能，如北京前门大街的鸟笼路灯。

2. 城市民俗公园

城市民俗公园是经过有目的的规划之后建成的，又称"民俗风貌区""民俗风情园"。城市民俗公园的特点是,它能够用现代的艺术手法来表现城市民俗文化的主题,其中最为典型的例子就是老成都民俗公园。

老成都民俗公园于 2001 年 9 月开工建设。它位于成都市人民南路立交桥下,占地面积 45 亩,绿地面积 20 000 平方米,总投资 1 300 万元,充分利用了立交桥下面的空间修建而成,形成了独具特色的民俗公园风貌。整个公园主题突出,浓缩了成都城市民俗文化的变化历史,游客游玩其中,可以感受到成都浓郁的历史文化氛围。公园中的浮雕生动地展现了成都人民的生活,包括"掏耳朵""推鸡公车""锯木料""转糖画""唱竹琴"等。

(三)城市民俗博物馆与城市民俗艺术博览会

城市民俗博物馆是城市民俗文化的物化存在展示形式,城市民俗文化艺术博览会则是人文艺术的存在展示形式。二者都是城市民俗文化旅游项目的重要组成部分。

1.城市民俗博物馆

"民俗博物馆属于遗产类博物馆,是征集、收藏、研究、展示地区和民族长期劳动和生活的产物,反映地区和民族生产、生活、民俗、信仰、娱乐等民俗文化事项的收藏、宣传、教育和科研的非营利机构,是遗产管理的重要单位。"①城市民俗博物馆的发展与城市经济的发展密切相关,只有二者有效地结合在一起,民俗博物馆的观赏活动才能进行下去。

在我国,城市民俗博物馆的发展经历了以下两个时期。

第一,发端期,主要时间段是 20 世纪 80 年代的中期。这一时期涌现出了一批有代表性的民俗博物馆。例如,山西省襄汾县丁村民俗博物馆 1984 年秋筹建,1985 年 11 月 10 日开馆;天津民俗博物馆 1985 年筹建,1986 年元旦开馆;苏州民俗博物馆 1986

---

① 周玮,沙润:《遗产经济学原理在中国民俗博物馆旅游开发策略中的应用》,安徽农业科学,2007 年第 1 期。

年建成开馆;洛阳民俗博物馆 1988 年正式开放。之后,民俗博物馆建设发展的势头一直持续不减。

第二,发展期。主要时间段是 20 世纪 90 年代以后。在这一时期,南京市民俗博物馆于 1986 年开始筹建,1992 年 11 月 18 日正式对外开放;青岛市民俗博物馆于 1998 年 12 月 26 日正式对外开放;北京民俗博物馆 1997 年成立,1999 年正式对社会开放。

城市民俗博物馆的功能主要体现在以下两个方面。

(1)收藏、陈列和展示城市民俗文化

城市民俗博物管采用实物、模型、图片、图表、蜡像、投影、录像等方式,陈列单体或者是较为真实的场景。陈列的主要内容包括服饰民俗、婚俗、生产民俗、家具民俗、寿俗、节俗、信俗、交通民俗、食俗、礼俗、岁时节令和民间歌舞艺术、民间工艺等,生动地展示了城市民俗文化。

(2)举办城市民俗文化活动

城市民俗博物馆的重要功能就是举办城市民俗文化活动。每逢中国的传统节日,许多城市民俗博物馆就会举办相应的民俗活动,既可以创造经济收入,又可以实现一定的社会效益,如北京民俗博物馆每逢春节、端午、中秋、重阳等中国传统的节日,都会举办民俗活动,配合相应的民俗节日展览,以此扩大会馆的业务和收入。此外,还有一些会馆会开发一些与节日内涵相匹配的小商品。比如端午节,民间不仅有吃粽子的习惯,还有配香包的习俗。根据这一情况,会馆会制定一种专门的小香包,内装熏衣草,绣上东岳庙的馆徽,既可当香囊配在胸前,吻合端午佩香包的习俗,又可用作手机链,可以说相当实惠。青岛市民俗博物馆通过展览以及庙会等活动丰富了城市的内涵。苏州民俗博物馆也颇具特色,每至清明节、七月半、十月朝,举办"三节出会",到虎丘祭祀,上演各式各样的民间表演。

2.城市民俗文化艺术博览会

城市民俗文化艺术博览会是政府为了推广民俗文化,获取经济效益和社会效益而举办的文化活动。

城市民俗文化艺术博览会从策划到启动需要一个完整的规划。它需要动员整个城市的资源,包括政治、经济、行政、地理、文化、人力等,是一个系统工程。城市民俗文化艺术博览会需要系统的思想和系统的方法,来保证城市民俗文化艺术博览会目标的实现。具体来说,城市民俗文化艺术博览会由五大要素构成,包括名称、内容、地点、时间、组织机构等;需要经过四个阶段的实施,包括项目立项、项目策划、运行框架搭建、组织实施等最终完成。具体的策划内容包括五个方面:博览会战略定位、博览会项目、博览会融资、博览会管理、博览会营销等,具体的技术方法步骤为进行信息收集、调查分析、整理判断,形成城市民俗文化艺术博览会方案,达到城市民俗艺术与旅游系统资源的最优组合,实现博览会民俗旅游功能的最大化,实现城市民俗文化艺术博览会持续发展的根本目标。

我国城市民俗文化艺术博览会按照性质的不同可以分为两类,专项民俗文化艺术博览会和综合民俗文化艺术博览会。

(1)城市专项民俗文化艺术博览会

城市专项民俗文化艺术博览会是针对某一项民俗文化艺术品而举办的展览,如"中国东阳木雕竹编工艺美术博览会",大连国际文房四宝、国石暨旅游文化艺术品博览会,广东江门市"中国民俗文化艺术彩灯博览会",甘肃庆阳端午香包民俗文化博览会等。

(2)综合民俗文化艺术博览会

综合民俗文化艺术博览会是针对多种民俗文化艺术品而举办的展览。它涉及的艺术品范围之广,最多可以达到几十种,如北京民俗文化艺术博览会、哈尔滨民间民俗艺术博览会、长春民间艺术博览会、上海民族民俗民间文化博览会、武汉民俗艺术博览会等。

1999年,哈尔滨举办了第一届民间民俗艺术博览会,简称"哈博会"。到2014年,哈尔滨一共举办了15届哈尔滨民间民俗艺术博览会,"哈博会"的成功举办与以下几个方面的因素是分不开的。

第一,政府对活动的举办高度重视。

第二,社会各界对活动给予了大力的支持。

第三,展销的产品丰富多样,种类繁多。

第四,产品带有浓郁的黑龙江文化特色(表7-2)。

表7-2 "哈博会"传统文化艺术

传统文化艺术	具体内容
萨满文化艺术品	各少数民族萨满服饰、木刻神偶、神具等
鱼皮文化艺术品	袖珍鱼皮服饰、鱼骨工艺品、鱼皮画等
桦皮文化艺术品	画皮镶嵌画、白桦工艺品、刻画等
城市的传统优势民间艺术	农民画、拓彩版画、烙画、剪纸、布艺、根雕、青铜工艺、泥塑等
实用工艺美术品	紫砂艺术、竹木牙雕、书画艺术品、画框、陶瓷工艺、首饰工艺、丝绸工艺、树脂工艺、水晶器皿、工艺品机械、激光雕刻机械、玻璃品等
新挖掘的艺术	绒画、粮食贴画、蝶翅画、民间电动玩偶等
其他民间艺术	树皮画、铁画、箱柜画、玻璃画、刻字、鸸鹋蛋雕刻、纸艺、风筝工艺、服饰、刺绣、钩织品、发丝绣、木制工艺、奇石、盆景、面塑、葫芦工艺、竹编、草编、柳编、漫陶、土陶、铁艺、脸谱、挂件、糖人、面人等

三、城市民俗文化旅游建设

城市民俗文化旅游对城市的发展起到了至关重要的作用。要建设民俗旅游城市,需要整理城市民俗文化,使城市民俗文化成为城市文化的形象,凸显民俗在旅游产业中的重要地位。城市民俗文化是一个综合性的概念,表现在城市的各个方面,包括饮食、节庆、建筑、交通、服饰、交往礼仪等。因此,建设民俗旅游城市要统筹把握,全面规划。具体来说,需要从以下几个方面着手。

　　第一,加强城市民俗旅游基础设施和服务设施建设,对城市民俗旅游业的空间结构重新定位。这是一个综合性的系统工程:要确保城市交通的通畅,完善交通设施建设,形成完善的旅游交通网络系统、交通指示标志系统、交通信息查询系统,建立游客接待服务中心,使游客的旅游畅通无阻;要确保城市民俗旅游信息查询的畅通,完善城市信息网络系统,建立固定的信息沟通渠道,建构信息交流平台;要确保城市民俗旅游休闲消费的畅通,加强城市各个方面资源的整合,包括住宿、餐饮、购物以及娱乐等方面,开辟城市民俗旅游特色游憩商业街区。

　　第二,对城市民俗文化事象进行整合。整合民俗文化的过程包括采录、搜集、整理等工作。需要整理的城市民俗文化事象可以分为七大类(表7-3)。

表7-3　城市民俗文化事象分类

分类	具体内容
民间文艺类	民间说唱、民间舞蹈、民间戏曲等
民间节会类	传统节庆、传统庙会等
民间工艺类	木雕、砖雕、石雕、绘画、书法、陶瓷、剪纸、竹编等
民间器物类	服饰、器用、民居、车乘、老街等
民间文学类	歌谣、故事、传说、俗语、谚语、笑话等
民间体育类	斗蟋蟀、斗鸡、舞狮、赛龙舟等
民间饮食类	菜系、小吃、名茶、名酒、奶饮品等

　　有了对城市民俗文化资源的调查、整理与保护,城市民俗旅游和民俗旅游城市建设就有了持续发展的基础。

　　第三,加强城市民俗文化旅游项目建设。我国在城市民俗文化旅游项目建设和发展方面倾注了极大的热情,投入了大量的人力、物力和财力。山东潍坊规划打造的"中国民俗旅游标志区",包括潍城、奎文、寒亭(杨家埠)、坊子、安丘、高密。建设"杨家埠民俗大观园",使之成为山东乃至全国的民俗旅游的典型目的地之一。高密为国家命名的"民间艺术之乡",民间艺术风格独特,作为"高密三绝"之一的扑灰年画为世界独有,潍坊市对其着重打造,逐步将"潍坊民俗之旅"从山东推向全国,走向国际。

参考文献

[1]保继刚等.旅游开发研究——原理·方法·实践.北京:科学出版社,2000.

[2]李瑞,王义民.旅游资源规划与开发.郑州:郑州大学出版社,2002.

[3]喻学才.旅游资源学.北京:化学工业出版社,2008.

[4]全华.旅游资源开发及管理.北京:旅游教育出版社,2006.

[5]王明星.文化旅游:经营·体验·方式.天津:南开大学出版社,2008.

[6]张国洪.中国文化旅游:理论·战略·实践.天津:南开大学出版社,2001.

[7]张宏梅,赵忠仲.文化旅游产业概论.北京:中国科学技术大学出版社,2015.

[8]陈少峰,王起,王建平.中国文化旅游产业报告 2015.北京:华文出版社,2015.

[9]刘丽川.民俗学与民俗旅游.上海:同济大学出版社,1990.

[10]程杰晟,张珂.中国民俗旅游文化.北京:中国人民大学出版社,2015.

[11]邹忠,刘敏,刘聚梅.中国旅游民俗文化.北京:中国人民大学出版社,2013.

[12]潘立勇.人文旅游(第一辑).杭州:浙江大学出版社,2005.

[13]谭业庭,张英杰.中国民俗文化.北京:经济科学出版社,2010.

[14]王衍军.中国民俗文化.广州:暨南大学出版社,2011.

[15]周作明.中国民俗旅游学新论.北京:旅游教育出版社,

2011.

　　[16]黄爱莲,潘冬南.跨越文化的界限:民俗风情旅游问题及其解决.北京:旅游教育出版社,2011.

　　[17]余永霞,陈道山.中国民俗旅游.武汉:华中科技大学出版社,2011.

　　[18]巴兆祥.中国民俗旅游.福州:福建人民出版社,2013.

　　[19]赵东玉.中国传统节庆文化研究.北京:人民出版社,2002.

　　[20]贺琛.民间服饰.北京:中国社会出版社,2008.

　　[21]郑耀星,储德平.区域旅游规划、开发与管理.北京:高等教育出版社,2004.

　　[22]凌善金.旅游地形象设计学.北京:北京大学出版社,2012.

　　[23]章晓岚.旅游视觉形象传播与设计.上海:格致出版社,2011.

　　[24]郑宗清.旅游环境与保护.北京:科学出版社,2011.

　　[25]林越英.旅游环境保护概论.北京:旅游教育出版社,2001.

　　[26]中国科学院地球化学研究所.资源环境与可持续发展.北京:科学出版社,1999.

　　[27]于德珍.湘西民俗文化旅游开发的研究.吉首大学硕士论文,2002.

　　[28]张春丽.山西民俗文化旅游资源及其开发研究.华中师范大学研究生学报,2006(2).

　　[29]张捷.区域民俗文化旅游资源的定量评价研究.人文地理,1998(1).

　　[30]温锦英.文化,民俗旅游开发的灵魂.广东民族学院学报,1997(3).

　　[31]吴晓山.民俗文化旅游品牌战略研究——以"刘三姐"文化旅游为例.特区经济,2010(8).

　　[32]黄爱莲.民俗风情旅游与民族民间文化的自我拯救.广西社会科学,2005(5).